JN078952

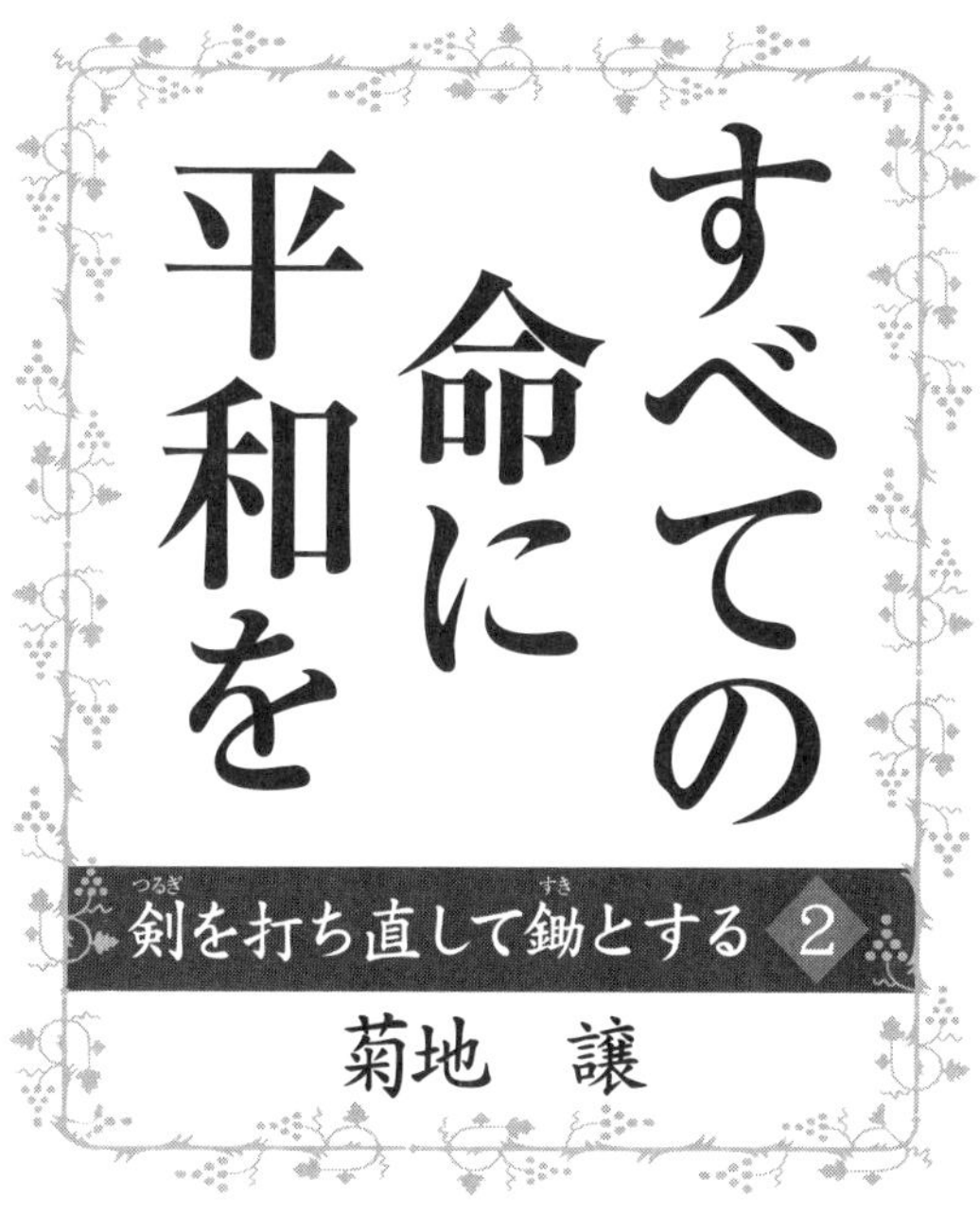

すべての命に平和を

剣を打ち直して鋤とする 2

菊地 譲

日本キリスト教団出版局

まえがき

朝、家から車で山谷に来る。山谷の中の駐車場に行くために、通りから路地に入る。路地の右側には大きな老人施設があり、左側にはドヤが軒を並べ、桂、赤城、など名を連ねている。山谷は歯の抜けたようにドヤ街のあちこちで小さめのマンションができ始めているが、まだまだドヤは健在だ。

路地ではおじさんがぶらぶらしたり、縁石に座ったりしてたばこを吸うとか、友達とおしゃべりしてたりする。夕方まりや食堂に集まり、弁当を買いに来るおじさんやおじいさんたちは大概近所のドヤ住まいなのだ。お弁当を買いに来る人たちの顔ぶれは少しずつ変わってきているが、ここを住まいとする人たちは減少することはないように感じている。見かけなくなればまた新しい人が買いに来るようだ。

お弁当は部屋に帰り、テレビを見たりしながら食べているのだろう。昼間暖かい時は杖を突いて散歩したりして、夜は休憩室でテレビの観戦だ。みなさんそれぞれひたすら老後を生きているのだ。長い日雇い労働から解放されて、多くは生活保護とか年金で老後を生きている。生きることがつつましい楽しみなのではないかと思っている。まりや食堂へ来るのも、そこに小さなおいしさを見つけているからだろう。私はそんな人の姿を見て、この人たちの生活が壊されないようにしたいと願っているのだ。

新聞を見れば憲法改正とか、中国の膨張政策、北朝鮮のロケットの日本近海への着弾などきな臭いことが多い。さらにはロシアとウクライナの戦争が長期化の様相だ。政府はそういった海外の情勢から防衛予算を増額し、所得税や法人税等から徴収する意向を示している。国防予算を増額して国の守りをしっかりするのだというのだが、日本は戦力を持たない平和国家の宣言をして今日まで歩んで来た。そういった姿勢こそがこの国を守ることになることを忘れてはならないだろう。

おじさんたちの幸せを願う時に、戦争反対、憲法改正反対と言わざるを得ないのだ。イザヤ書2章には剣(つるぎ)を打ち直して鋤(すき)とするとある。山谷の在り方はそうでなくてはならないと思う。

目次

九、いのち日誌　171

装丁　クリエイティブ・コンセプト　江森恵子

すべての命に平和を——剣を打ち直して鋤とする2

序

剣（つるぎ）を打ち直して鋤（すき）とし
槍を打ち直して鎌とする
国は国に向かって剣を上げず
もはや戦うことを学ばない　（イザヤ書2章4節）

全体の事を手短に述べる。

私が幼稚園の頃だろう。疎開先は細倉鉱山の街だった。住宅が機銃掃射された。母は急いで私を引っ張り押し入れに隠れた。艦砲射撃の砲弾の破裂音が防空壕を揺らした。

応召された父は中国での大行軍前の検査で引っ掛かり家に帰ってきた。命が助かったのだ。けれども中国でマラリヤに罹り、戦後でも誰にも輸血はできなかった。終戦で仙台に帰ったら焼け野原だった。母はアカザを取って食事の足しにしていた。これらが戦争だとは知らなかったが、鮮明に覚えているから大きくなってあれが戦争だったのだとあの出来事を明確にできた。

父が死なずに帰れたから、私にしてもこのような今日があると思っている。だが、多くの人がこの戦争では亡くなっている。だから単純に父の生還は感謝だ、とはしゃぐことは差し控えなくてはならない。つくづく、打ち直した鋤を再び剣にしてはならないと思う。父は「私のような公務員で少し年のいった者まで応召されるのでは日本はだめだろう」と親しい友人と話していたと、私が中学校の頃そんなことを話してくれた。一体こんな戦争がどうして起きてしまったのだろうか。

私には明治体制が第二次大戦を引き起こしたと思われ、明治時代から書き進めているので、最初の数十頁ほど明治時代からの政治史、戦争の歴史でキリスト教の話も出てこない。少しとっつきにくいかもしれないが、少し辛抱して読んでもらいたい。そのために、拙書のことを少し紹介して一読の促進剤としたい。

藩閥体制

明治政府を牛耳っていたのは倒幕運動の中心だった薩摩藩、長州藩と一部の公卿だ。彼らの政府である藩閥体制の明治政府が目の色を変えたのが不平等条約だ。日本は西欧に対して遅れている国ということを目の当たりに見せられたのだ。砲艦外交に手も足も出なかったから、日本は強い国を目指して遮二無二富国強兵へと突き進んでいくのだった。

日清、日露戦争

そうした過程で朝鮮を植民地にし、恨みをかって伊藤博文は暗殺されるのだ。清国との戦争では賠償金などを取り、ロシアとの戦争を引き起こす。

日本は明治が始まってから戦争に明け暮れる国であったのだ。戦争の悲惨さは後半に述べ、そこでは宗教者の在り方にも言及する。

ロシアとの戦争にかろうじて勝ち、ロシアが持っていた中国のさまざまな利権を手にした。手に入れた満鉄（南満州鉄道）を守るために軍隊が増強されたことで、軍部の力が強くなり、政治的圧力も強くなっていく。

中国侵略

強引に中国の国土に満州国を作り上げ、世界のひんしゅくをかった。現代のロシアにおけるウクライナ割拠と同じだ。現代のロシアよりも始末に負えない状態だった。国際連盟では満州国に賛成したのは日本以外に一国だったという。ロシアの侵攻に関しては反対しない国が世界でいくつかあった。満州国建国に批判的だった首相犬養毅は五・一五事件で軍関係者によって殺害され、これ以降政治は軍部によって支配されていく。

中国との戦争で泥沼に陥ってしまう。中国ではイギリス、アメリカとの利権の衝突が強くあり、アメリカは日本を強く牽制し、日本への石油を輸出禁止にした。これは日本の死活問題なのでアメリカとの戦争を決意する。

太平洋戦争

アメリカと日本の国力はライオンに対する犬のような関係で、不意を突いてライオンの鼻づらを咬んだのが真珠湾攻撃だった。しかしどう考えてもかなう相手ではないのだ。

この鼻づらを咬んだ攻撃についてすごいエピソードがある。不意打ちの卑怯な方法だったが、真珠湾には航空母艦や戦艦がたくさんいた。これらを破壊すれば日本は戦争に有利になると考えた。ところが、この湾は水深が浅く、魚雷は使えないというのが普通の考えだったので、アメリカは油断していたのだ。魚雷は飛行機から投下されて六〇メーターほど水中にもぐりスクリューが回り、上がってきてそのあと定深度六メーターを保って走り船に激突、爆発して撃沈するのだ。水深一二メーターの真珠湾では、投下した魚雷は水底に突き刺さってしまう。訓練に訓練を重ねてその水深に合うように魚雷も改造、工夫して攻撃し多くの戦艦に損害を与えた（中田整一編『真珠湾攻撃総隊長の回想　淵田美津雄自叙伝』講談社文庫、二〇一〇年、102頁、他参照）。

真珠湾攻撃が華々しい戦果といっても、第二次大戦で戦闘機搭乗員は予科練（飛行訓練学校）出身者の八割が戦死をしている。

まりや食堂のボランティアのMさんと話していたら、その人のお父さんが予科練出身の戦闘機搭乗員だった。予科練出身者の八割が戦死したのだが、その方は上官の飛行機を護衛していて撃ち落とされ重傷を負ったが九死に一生を得たのだった。

顔に大きな傷を負い、太ももにも大きな傷がある。敵戦闘機の掃射で撃たれたのだろう。顔面の大きな傷は額からあごまである。そういう人とお母さんはよく結婚したものだと感心している。結婚しなかったら私はいないのだとMさんは言う。そのMさんから予科練の話を聞くとは不思議なめぐりあわせだ。

そう思うのは、私の記憶にも予科練がある。それは予科練の歌だ。小学校の頃（一九四七年ぐらいか）何も知らずにこれを歌ったものだ。「予科練の〜七つボタンは錨(いかり)に桜」「飛ぶ飛ぶ霞が浦にゃ〜」。今、縁があって時折霞が浦には行く。

次の海戦、ミッドウェー戦で日本は大敗し、制空海権をアメリカに握られ、日本は劣勢に追い込まれた。そういった戦況下のガダルカナル島の戦いは凄惨だ。戦死よりも飢え死にが多かった。食糧などの輸送船が撃沈されたからだ。この戦争で二〇〇万人の兵士が死亡している。絶対に戦争をしてはならない。

戦争末期の沖縄では日本軍はひどい戦争をした（池宮城秀意『戦争と沖縄』岩波ジュニア新書、改版二〇一二年参照）。

アメリカ軍によって沖縄本島の最南端に追い詰められ、軍隊も住民もわずかな洞窟に追い込まれ食糧は日に日になくなり、飲み水もなく、アメリカ軍の攻撃は激しく砲撃で傷ついても治療もなく蛆が湧き、死者を外に埋葬もできず、洞窟はその臭気や負傷者のうめきで地獄の様相だ。壕から出ようとする民間人がアメリカ軍に見つかるとこの洞窟が攻撃されると考え、殺してしまった。住民は今や身近にいる日本兵にまで命を狙われることになったのだ（74頁）。

沖縄の民間人の四人に一人が亡くなっている。日本が本土決戦をする準備のためにできるだけ長く沖縄で戦闘をする作戦だったようだ。そのために戦闘の中に沖縄の民間人を巻き込み、多くの人々が亡くなったのだ。そんなひどい日本軍だったが、沖縄の女学校などの十六、七歳の少女たち五〇〇名ほどがひめゆり学徒隊の名で従軍看護婦として負傷兵士の世話をした。その半数が砲弾で死亡、あるいは自決、アメリカのガス弾で死亡した（6頁）。もう戦争をしてはならない。

日本を葬ってください

矢内原忠雄は非戦論者だった。講演で、

> 今日は、虚偽（いつわり）の世に於て、我々のかくも愛したる日本の国の理想、或は理想を失つたる日本の葬りの席であります。私は怒ることも怒れません。泣くことも泣けません。どうぞ皆さん、若し私の申したことが御解りになつたならば、日本の理想を生かす為めに、一先づ此の国を葬つて下さい

と過激な発言をして大学を退職させられる。ホーリネス派の教会は弾圧され、獄死した牧師もいる。日本基督教団は戦争の時に道を誤り、戦争を肯定し、身の安全を守ってきた。今この時、憲法が改正されようとしているから、私たちはキリスト教信仰により、あるいは冒頭のイザヤ書2章の神の言葉に依拠して憲法が変えられることのないように、日々信仰の守りを固めなくてはなるまい。

戦争の記憶、広島平和記念資料館

広島、長崎の原爆は人類への罪だと思う。

そのことに『真珠湾攻撃総隊長の回想　淵田美津雄自叙伝』は触れている。東京の原爆調査団に合流して被害の状況を大本営に報告するのが淵田参謀の任務だった。

市街は見渡す限り荒涼としてはてしない瓦礫だ。いたる処に遺体が散乱している。多くは裸体だ。焼けただれ、皮膚はぼろのように垂れ下がっていた。髪は焼け丸坊主、たくさんの人はひどいやけどで呻(うめ)き、水を求めていた。息も絶え絶えの生存者が川につかっている。文明国家を誇るアメリカが戦争なら何でもしてもよいのだという野蛮な前例を示したのはアメリカの永久に拭われない精神的敗北だ（293—296頁）、と淵田はそのむごたらしさに今でも胸がうずくと語り、アメリカの非人道的原爆を怒るのだ。

淵田は戦後クリスチャンになる。

九条のこと

「敗戦から二年後に施行された日本国憲法、その第九条が、私には輝く太陽のように思えました。

多くの人たちの命と引き換えに、日本は永久に戦争をしない国になった。この精神を後世に伝えなければなりません。」と児童文学作家高橋敏子さんは語る。

一、明治の政治の仕組み

藩閥体制

まず、井上清の『明治維新』（日本の歴史20、中公文庫、改版二〇〇六年）から見ていく。

明治政府は天皇の権威の下、天皇制官僚による中央集権体制だった。この体制は倒幕に力のあった雄藩の後押しの下、その藩出身者の力によってなされた。官僚の重要な椅子は薩長によって占められた。彼らは旧藩時代の同志によって閥を作っていたので藩閥官僚とか藩閥内閣とか言われる。紆余曲折し薩長藩閥官僚専制が成立する（221―222頁）。

政権が安定するために策をする（168―174頁）。第一は諸藩の有能分子を政府に引き込み、各藩の弱体

化を図る。第二は大商業資本、大地主をひきつけることだった。大商業資本との結びつきは内乱鎮圧の資金調達のためでもあり、その後産業の積極策で彼らといっそう固く結びついた。第三の方策は不平士族の目を海外にそらすための征韓論だった。相当前から木戸孝允（長州藩士）や岩倉具視（公卿）は征韓を考えていた（174頁）。こうして中央政権が力をつけてくる。

通商司（経済官庁）を通して政府と大商業資本が結びつく。商業振興策で大地主と富豪をひきつけ、土地売買の自由がある程度認められた。これは地主階級の宿願だった。これで貧農が租税を納められない時の田畑を売る受け皿になり、貧農は小作人となるのだ。

この政策は貧富の格差を広げる。そうした不在地主が官僚専制体制と癒着し、富を独占するのだろう。日清、日露戦争の準備のために、株式の媒介を通して多分軍事工場などの資金になるのだろう。軍艦でも戦車でも軍備には莫大な金がかかる。明治政府は富国強兵のために農民を犠牲にしたのだ。このような農業政策が昭和の二・二六事件を誘発させる原因の一つになったのだろうと思う（菊地）。

中央集権警察制

中央から地方に至る集権的な警察制度が整備され、日常を監視する体制を作る（237頁）。

当時の大警視は、日本人民は不教の民であり、これに自由を許すべからず、と内務省への建議書に記している（237頁）。こうして人民の生活のすみずみまで日常不断に監視束縛する警察制度ができる（238頁）。警察制度は犯人逮捕と政府に反対する人民の探偵、産業奨励、各人の衛生、国民生活に介入する行政警察だ（408頁）。国民は二十四時間警察の監視下に置かれた、警察の国となる（410頁）。これは恐ろしいことだ。明治政府は中央集権的な封建的体制の政府といってよい。幕藩体制と変わりはない。国民のための政府ではないのだ（菊地）。

廃藩置県で常備軍を作ることが可能となった。常備軍こそは官僚制と並ぶ天皇制の重大な柱だ。一八七一（明治四）年の軍事費は経常歳入の三分の一だ。軍備の充実を図っているのだ（239頁）。徴兵制によって外国に備える大軍備が必要と政府は考える。国民を守るという精神はまったくない。国民を鎮圧するためにあるのだ（242頁）。大規模な一揆などの弾圧に使うのだろう（菊地）。当初は兵役免除の者もあり、原則被支配階級、無産階級のみの義務であった（243頁）。

勧業（産業を奨励すること）

勧業は特権資本家と富農の育成を目指すことになる（414頁）。政商資本と結びついた勧業、資本主義産業の育成資金は地租、不換紙幣、公債だった。これは一般農民、大衆を犠牲にしてなった（414頁）。言論出版に対する厳しい取り締まり、出版前の検閲、反政府思想の弾圧が行われる（456頁）。維新十年にして日本は隣邦を抑圧する国となる（466頁）。

小作制度

国家は小作制度には手をつけなかった。小作料は地租の源泉だから小作料を滞納しないように地主を保護した。小作人の生産物の三分の一強ずつがそれぞれ地租及び地主の取り分、小作人に残るのはほぼ三割だ。幕末にくらべ地主への優遇が目立つ。土地改革は寄生地主階級に最大の利益を与えた（258―259頁）。その後地租は下がったが、土地改革は寄生地主を優遇した（261頁）。また金納は小農、貧農を没落させた（263頁）。政府は農民の税金で、軍備、国営企業を起こし、政商を保護、資本主義産業を育成する（264頁）。政治としては天皇制官僚専制だが、資本主義が少しずつ膨らんできているのだろう（菊地）。寄生地主には土地改革は良かったが、豪農、上層農民は地租の負担軽減を要求する農民闘争を始め、これが自由民権の民主主義革命運動に飛躍する。

日本の資本主義はいびつだったのだろう。専制的な天皇制を抱き、首相を決めるのも議会ではなく天皇の側近だし、制度は民主的でなかったのだ。天皇の名において富国強兵に国民を引っ張っていったのだ。今の中国のような国家資本主義、独裁資本主義とでもいうものであったのだろう。絶対主義とも考えられる（菊地）。

明治一三、四年頃（一八八〇年）、政府はその租税で軍備を増強し、国営企業を起こし、政商を保護し資本主義産業の下地を作る（264頁）。根本は富国強兵のためだ。

政府は上から産業化を図る。諸産業を創出し、特定の大企業に卸した。軍事工業を広げた（274頁）。これによって日本が強い国になることを望んだのだが、工業関係の企業の育成にも繋がったのだろう。輸出の花形は製糸工場だった（菊地）。

工業、鉱業も政府が少数の大商業資本家と結びつく。鉱業では最新の技術を導入する一方で奴隷的な労働が坑夫に課せられ、これが当時の日本の資本主義の姿だった（276頁）。これが飽くなき資本主義の姿なのだろう。一八七二（明治五）年には坑夫の大暴動が起き、多くが逮捕された。

海運における三菱に対する政府の保護はすごいものがある。軍隊を遠征させる時などに備え、日本は大商船隊を持つことが必要で、軍事輸送のために十三隻の大型汽船を三菱に預けて輸送にあたらせ、その後も無料で貸し与え、巨額の補助金も提供した。戦時動員のためには有力、有能な一社に任せた方が良いと考えた。これは軍事目的の産業育成と特権資本家の育成が不可分な典型だ。日本はこうして農民の収奪を基礎に政商と呼ばれた大商業資本家などによって封建経済から資本主義経済へと移行していく（276—277頁）。

内乱の終わった明治元年から二年にかけて職人、農民、商人らの一揆、蜂起が四十件以上あった。

多くは御一新（明治維新の別称。すべてが新しくなること）に期待して当てが外れた人々が爆発したものである。一八六九（明治二）年、二万人の世直し蜂起では、土地台帳を焼き、地主の土地を無償で農民に分配などした。世直し蜂起は最後には政府軍につぶされ六十余人の死者が出る（158頁）。民衆、農民の抑圧された状態がひしと感じられる。多くは小作農家であったのだろう。

日本は封建領主の支配が緩み、天皇の名において支配権を統合し、官僚支配体制、常備軍による支配を確立した。明治維新は天皇制の成立によって絶対主義の成立でもあったのだろうと思う。

絶対主義は封建制最後の段階で現れる君主の専制政治形態だ。封建制から資本主義社会への過渡期、特に十七〜十九世紀のヨーロッパで、君主が弱体化した封建領主の支配権を統合、官僚制と常備軍による集権的支配を確立し、台頭するブルジョアジーを重商主義によって保護統制し、やがて市民革命で倒される（『旺文社日本史事典 三訂版』）。

明治維新をどう評価するかについては講座派と労農派の議論があった。

長い徳川封建時代に領主の権威に従うようにならされてきたゆえに、天皇という名の権威に従うことは容易にできたのだろう。すべてを天皇の名において抑圧する体制であったのだろう。租税の算定になる地価の評価は政府が定め、従わない場合は朝敵とみなし、追放するとおどかした（256頁）。貧民が徹底的に搾取され、不在地主の豪農や政商の富豪化などでブルジョアジーなども生じたのだ。それは富国強兵の主義でもあった。富国強兵を急ぐ理由は屈辱的通商条約の改定にあったのだ。この体制は軍国主義が敗戦によって終わるまで続く。

議会

憲法（一八八九〔明治二二〕年公布）ができて、第一回帝国議会（一八九〇〔明治二三〕年）が開かれる。政府、民党（自由党、立憲改進党などの自由民権運動の各派）とも西欧の注目を気にしていたのだ。西欧諸国は立憲主義の下で日本の議会が成立するかどうかを注目していた（原田敬一『日清・日露戦争』岩波新書、二〇一四年、3頁）。

これが面白いと思うのは、私も同じように感じていたからだ。日本が藩閥政治を天皇制の下で運営したわけだが、独裁になってもおかしくないのに西欧の議会主義を取りいれるのは、明らかに日本の制度が西欧諸国並みであることを示すためだったのだろうと思う（3頁）。それは不平等条約、治外法権などで屈辱を受けていた日本の脱亜入欧の思いからなのだ。産業、教育なども真似て西欧のようになろうとしたのだ。植民地主義など典型的だ。列強の真似をして植民地を獲得し強国を目ざそうとしていた。

議会において、私が注目するのは民主主義の要の選挙による議員の選出と代議員による議題の検討などだが、日本がなぜ、議会を持ちながら、軍部独裁になり第二次大戦に突入したのかだ。こういった議会制度に何か大きな欠陥があったのではないだろうかと直感で感じているので、明治時代の政府の在り方と議会の在り方と天皇制を検討したいと願うのである。脱亜入欧のアリバイのために議会主義を無理やり作り、西欧諸国に対応したのだろうが、そこにはさまざまなほころびが目立つのだ（菊地）。

支配体制

天皇制支配体制の構築（色川大吉『近代国家の出発』日本の歴史21、中公文庫、改版二〇〇六年、470頁以下参照）

議会ができ、議会から天皇を守るためにさまざまな仕組みが作られた。まず、皇室、天皇大権の確保だ。皇室については省略。

天皇大権とは大日本帝国憲法において天皇の持つ権限のことだ。帝国議会の協力なしに行使できる権限のことで、政治・軍事・外交など幅広い範囲で天皇大権が認められている。立法権は議会の協賛、行政権は国務大臣の輔弼(ほひつ)（助言を与えること）を要するとされ、司法権は天皇の名により行われる。

軍隊においては天皇に統帥権（軍隊の最高指揮権）があった。陸軍や海軍への統帥（軍隊を支配下に置き率いること）の権能を指す。陸軍では参謀総長、海軍では軍令部総長が輔弼する。軍令を担当する参謀本部と軍令部は天皇直属で、参謀長が作戦計画を天皇に上奏し、天皇はそれを裁可する仕組みだ。内閣は作戦や指揮について口出しはできない。破れば統帥権干犯（権利を侵すこと）だ。満州事変あたりから統帥権が暴走する。統帥権が問題で、これが日本を崩壊に導いたのだ（菊地）。

枢密院、貴族院を作る。

枢密院は内閣、議会の外に国家の元勲（国政に功績のあった者）や重臣を勅撰して最高諮問機関とした。政党内閣でも手の届かない憲法外機関だ。元老（元勲待遇を得た者）は、大日本帝国において、天皇の輔弼を行い、内閣総理大臣の奏薦(そうせん)（推薦のこと）など国家の重要事項に関与した重臣である。宮廷を内閣から分離して宮内省を作る。内大臣制――天皇や国の印璽(いんじ)を保管、天皇への助言をする機関だ。貴族院は旧大名、明治維新の元勲、天下り官僚で構成する（470―471頁）。

憲法外機関

元老は元勲待遇などを受けた者、ほとんどが薩長出身の明治維新の経験者だ。後継内閣の首相を決定する権限があった。天皇を補佐し、国家の意思の調整、決定に役割を果たした最高顧問だ。法的規定はなく、非立憲機関だ。内大臣・宮内大臣（その下に宮内省がある）といった天皇のまわりにいる機関は憲法には規定されず、国会や内閣の手の届かない場所に置かれている。議会ができてもみな天皇を守る機関だ。内大臣、宮内大臣、枢密院などが天皇の輔弼、相談業務をしたのだ。そうした人たちの意見などを聞いて案件の下問（質問）、裁可をしたのだ。

元老とよばれるこれまでの藩閥のリーダーが、天皇の名で、これまで通り行政機関と軍隊など諸機関を動かそうとした、これが成立期の明治憲法体制だ。

国会当初、議員たちは、予算承認権という権限を活用して政府を厳しく攻撃する。藩閥政権で伊藤博文たちがなんとかその存在感、影響力を押さえ込もうとした国会（衆議院）だが「国民代表」という権威は大きく、しだいに日本の政治を動かしていく。

愉快なのは、伊藤らが藩閥政権の実質的な継続を狙っていたが、予算承認権を議会に創設したから、質問等で苦しめられた。こういった制度もやはり西欧の目を気にして作ったのだろう。この制度によって、政府が独裁的になれないが、いざという時は天皇の詔勅（天皇の発する公式文書）によって可決していたのだろう（岩波新書編集部編『日本の近現代史をどう見るか』岩波新書、二〇一〇年参考）。

議会の力で民党が政治を動かすようになるが、統帥権など議会の統制の利かないところで暴走が起こる危険は常にあった。首相は元老が決めた。内閣は首相が決めたのだろう。国民の声を反映しない、藩閥の息のかかった者が首相になっていたのだ。これが天皇制官僚主義なのだ（菊地）。

議会では、衆議院と貴族院があり両方の賛成がないと法律は成立しない。だから政府寄りの貴族院が反対すれば議題は否決されるのであった（坂野潤治『日本近代史』ちくま新書、二〇一二年、193頁）。憲法ができた時に、政府は議会や政党の意向に拘束されず、官僚が作った施策を超然と行うとした。これを超然主義という。明治時代は官僚制が強かったのだろう。その制度は戦後の今に至るまで続いているのではないか。先日のみずほ銀行への強い行政指導には驚いた（二〇二一年一一月）。改善命令だ。コンピューター等の仕組みに至るまでさまざまな指摘がされたが、官僚の組織の優秀さに驚いた（菊地）。

超然主義といっても予算の審議権は衆議院にあり、そこが反対すると議案は通らないから首相は非常に苦労した。地租値上げを政府が提案しても衆議院が反対すれば通らない。衆議院が地租値下げを提案しても貴族院で反対なら通らない。そういった対立が長く続いたが、そこから脱却する動きもあった。著者が注目するのは天皇による仲介である。天皇に政府と衆議院から互いを批判し合う上奏

（天皇に意見や情報を言うこと）があり、天皇の和協詔勅（わきょうしょうちょく）（和解の公式文書）が出た（同234頁）。大事なのは、議会を政府と並ぶ立憲の機関と認めたことだ（235頁）。

当時人口の一パーセントだけが選挙権を持っていた。十五円の国税を納め、二十五歳以上の男子に限られていた。不在地主などが選挙権を持っていたのだろうから、彼らの支持を受けた民党は地租軽減策などを衆議院で通過させても政府寄りの貴族院で否決されたのだろう。議会開設後、四回目あたりから政府も衆議院議会も明治憲法の条文と実際の議会運営の矛盾を克服する道を見つけた（236頁）。

地主、小作の関係は四身分制度だ。寄生地主、手作り地主、自作農、小作農だ。松方デフレ（松方正義大蔵卿がお札を回収して物の値段が下がったこと）で多くの自作農が土地を手放し小作農に転落し、土地は大地主が買い取った（216頁）。

一八九四（明治二七）年日清戦争に際し、政党は藩閥政府攻撃を控え政府に貸しをつくり普通の話し合いを持つことができた。自由党のこのような柔軟姿勢によって藩閥政府は自由党との連携をした（隅谷三喜男『大日本帝国の試煉』日本の歴史22、中公文庫、二〇一二年、160頁）。藩閥政府は元老らによる首相指名等、天皇を中心とする勢力によって運営していたが、国民による選挙で選出された政党も藩閥政府に半ば組み込まれることになる（160頁）。

政商といわれる明治の実業家たちは藩閥政権と結びつき手厚い保護を受けていた。資本を蓄積し藩閥に献金をしていた。政商が藩閥政治、政党にさまざまな影響を与えていた（172頁）。民党は藩閥政権と連合したり、閣僚ポストを要求するとかで、関係を深めていった。戦後米価が高騰し、地主は土地を小作に出して利益を得ていた。力を持ち始めた実業家は爵位を与えられるなど社会的地位を高め、政党も藩閥も彼らとのかかわりを深める（184頁）。こうして華族になることによって日本のブルジョアジーは藩閥や天皇制のなかに吸収されて社会的、政治的地歩を確立する（185頁）。

日清戦争後、軍備拡張のために歳出規模が戦争前の三倍になる（『増補改訂版 日本近現代史を読む』新日本出版社、宮地正人監修、二〇一九年、45頁）。薩長藩閥政治家は元老として政治の実権を握っていたが、日清戦争後は政党とも手を握り政治運営にあたるようになる（46頁）。

日本はロシアに対抗するため軍備拡張を目指す。不釣り合いの軍拡をして軍は政治力を強めた（54頁）。その財源は下関条約で清国から取った賠償金と増税だ。増税案は議会の民党との妥協が必要で、官民協力体制を作る。そのようにして国民は税金を高く取られ、政府は国債なども発行した。

一方で、民党も世論の対露感情悪化を背景に、政府の方針を支持するようになり、日清戦争後、政府と民党の提携が進んでいく。一八九八年には元老によって大隈重信と板垣退助が中心となり、最初の政党内閣（隈板内閣）が成立する。だが内部分裂により四か月で内閣は崩壊する。

さらに一九〇〇年には、伊藤博文が自由党系の政治家たちと立憲政友会を結党した。このように藩閥内部でも政党と協力する動きが進んだ一方で、山県有朋は伊藤の行動に批判的で、政府内部の有力者が政党を結成することは、将来的に政党内閣制の実現に繋がると考えた。

薩長を中心として倒幕し、明治時代には薩長の倒幕の中心人物を中心に藩閥政権ができ、それを継続していくことが藩閥政権の意図であった。しかし憲法ができて少数とは言え選挙制度と民党が形成されて、国民の声を無視できなくなり政党と協力して内閣を作るようになっても、山県は極めて保守的な人物であり、藩閥政権の継続に固執した。

こうして藩閥政権は民党政権へと移行していくのだが、依然として首相の選定は元老たちが握っていたから、彼らの意向で政権ができていたのだった。

一九二二年に代表的な藩閥政治家の山県が亡くなり、一九二四年に山県閥に連なる清浦奎吾内閣ができたが、超然内閣で、議会を無視したので政党の反発を招き、第二次護憲運動が生じた。その護憲にかかわった三党が連携し、一九二四年の総選挙で護憲三派（憲政会、立憲政友会、革新俱楽部）として勝利し、加藤高明内閣は普通選挙法（一九二五〔大正一四〕年）を制定する。護憲三派内閣以降、一九三二年の五・一五事件まで憲政の常道として二大政党の党首が首相として組閣することが慣例となり、藩閥政治は終わる。

多分、軍隊や官僚を束ね強い閥を作っていた山県が亡くなり、政党に強い圧力をかける力のある元老がいなくなったことや、政党が力をつけてきたことがその原因だろう(菊地)。

また、憲政会は大蔵官僚出身者が大臣になり、加藤、幣原は、三菱の岩崎弥太郎と婚姻関係にあるなど資本主義社会のかじ取りをする階層の支えによって立っている政党だ。今の自民党のような政党なのだろう(菊地)(今井清一『大正デモクラシー』日本の歴史23、中公文庫、改版二〇〇六年、475頁参照)。そういったバックアップがあって、それ自身で政治を切り盛りし運営する力があったのだろう(菊地)。

日本の海外侵略

日清、日露戦争

明治維新から第二次大戦に至るレールは引かれていたのだと言えるだろう。それは、日本は開国にあたり不平等条約で日本の市場が荒らされ、屈辱を強いられ、力をつけてこの条約の撤廃に励んだのだ。そのために殖産など盛んにしたわけだが、また国力をつけるために海外に進出して植民地を獲得し、さまざまな利益を獲得しようと考えていたからだ。その手始めが朝鮮だったのだ。次に中国、ロシア、そして太平洋戦争だったのだ(菊地)。

日本は西欧並みの近代国家になるため、文明開化、富国強兵に力を注ぎ、同時にアジアの近隣諸国への国権外交に走った（海野福寿『韓国併合』岩波新書、一九九五年、6頁）。朝鮮に対しては当初から侵略の志向があった。その根底にあるのは江戸時代からの朝鮮蔑視の歴史観だ（7頁）。西郷隆盛ら征韓派が下野したが、西郷の朝鮮派遣に反対する岩倉等も朝鮮認識はさほど違いがなかった。両派の指導権争いが対立を作ったのだ（11頁）。

大久保利通政府は一八七五（明治八）年朝鮮に圧力をかけ江華島事件をひきおこした。朝鮮の領海の江華島付近で日本船が測量などで挑発し、朝鮮砲台から発砲されたというのだ。ここで交戦となり日本が勝利し、朝鮮に対して賠償と日朝修好条約を要求して調印した。これはペリーの日本に対する砲艦外交と同じことであった（井上清『明治維新』中公文庫、463頁参照）。

この条約は日本が朝鮮に対して治外法権を持ち、貿易上も不平等で日本が特権を持ち朝鮮にとって不利な条約だった。日本が不平等条約で苦しめられているのに開国以来十年にして同じように隣国を抑圧する国となったのだ（菊地）。日朝修好条規締結で、日本が朝鮮の門戸をこじ開けたので、アメリカも条約締結を清国の斡旋で行う（『韓国併合』42頁）。イギリスとの条約は不平等条約の決定版だった（49頁）。各国とも虎視眈々と弱小国の植民地化や差別的通商条約締結を狙っていたのだ。産業革命の大量生産で作り出した安価な製品の売り込み先の拡張が使命だったのだろうと私は思う。

当時朝鮮は清国の従属国で、清国を宗主国とし保護や指図を受けていた。日本はそこに割り込み、朝鮮を独立国として条約を結び、清国と日本は緊張関係になる。当時、中国は国際的にロシアやイギリス、フランスなどとも緊張関係にあった。列強帝国は中国の領土を得ることや租借を求め策動していた。ロシアは南下して不凍港を得るために朝鮮への進出に動いていた。イギリスなどはそれを強く警戒していた。大国ロシアの南下は日本にとっても重大な威嚇であった（隅谷三喜男『大日本帝国の試煉』中公文庫、21頁）。極東をめぐって西欧列国の帝国的せめぎあいがあったのだ。その中にあって日本も不平等関税撤回などのために富国強兵を進め小帝国主義国家として列国に対峙していくのだ（菊地）。

朝鮮の内乱に乗じ清国が出兵し、日本は朝鮮の独立を守ると称して出兵。結局は日清両兵が衝突、日清戦争が始まるが、清国は戦争には消極的で日本が朝鮮の尻を叩き戦争に突入したようだ（31頁）。これは満州事変などと同根だ。この事変も日本が鉄道を爆破したのに中国のせいにして出兵している（菊地）。この戦争は清国の侵略から朝鮮を守るためだと国民は信じさせられていた。だから内村鑑三もこの戦争を正義の戦争だと主張したのだったが、後にこの戦争が日本の支配のためだと知り反対するのだった（38頁）。第二次大戦中大本営発表で国民がだまされたように、この時から政府は国民を愚弄していたのだ（菊地）。朝鮮の支配には財界はさほど積極的でなく、列強より先に資源のために押さえておこうとする以上のものでなかったというが、軍部にとってはロシア、中国の南下に備えるものだったのだ。

日清戦争に勝利した日本は朝鮮独立、賠償金、台湾と遼東半島割譲を要求した。だが、三国干渉で遼東半島は返還した。これは列強三国の力に負けたのだ。帝国主義の軍事力が他国を屈服させるのである。日本はこういった帝国支配、列強割拠、食うか食われるかの世界にあって、日本が強くなるしか列強と対応できないと自覚したのだろう。こうして日本は軍国主義の国としてアジア諸国を抑圧する国へと成長していくのだ。そのしわ寄せとして農民は重税に苦しめられる（菊地）。日清戦争までは財政は年間八〇〇〇万円前後、軍事費はその二七パーセント、一八九七（明治三〇）年には二億二〇〇〇万円の歳出に対して一億一〇〇〇万円、五〇パーセントが軍事費となる。賠償金三億六〇〇〇万円の大半も軍事費となる（72頁）。

こうして強烈に軍備を増やしたのはロシアとの戦争を念頭に入れてのことだったのだろう。当然軍隊の力が増せば、軍部の発言力が増してくるのだ。政府の力では抑えきれなくなる。これは現代にも通じることだ。中国の膨張主義、北朝鮮のミサイルの威嚇の下で、もしも憲法が改正されて軍隊が合憲とされ、軍備が拡張され、この二国の圧力が強まれば軍の発言力が強まる可能性がある。今からシビリアンコントロールをしっかりするためには野党の力を増やし、厳格に政府のしていることを監視しなくてはならない（菊地）。

山県有朋は一八九〇年日本の最初の議会の首相として演説し、その中で国家独立自営のためには、主権線と利益線が必要だと強調する。主権線とは領土を守ること、そして主権線の安全確保に密接な関係にある近接地域をも守らなくてはならない。これが利益線だ（井上寿一『山県有朋と明治国家』NHK出版、二〇一〇年、67頁）。

朝鮮の植民地化は、さきに述べたように財界はさほど積極的でなかったが、この山県の主権線、利益線の演説を聞けば、日本を守るために必要だったと軍部は考えたのだと理解できる。この膨張戦略の延長に太平洋戦争があったのだ。だから、日本は開国で屈辱的な半植民地的条約を強要され、日本の威信にかけて国力を増すために膨張主義になっていたのだろう。現在中国が軍事力を背景に強引に国境線を広げて南沙諸島などを自国領と主張しているさまは、まさにこの山県の演説と酷似している。中国が過去の大帝国時代（大漢）を憧憬してまさに利益線として膨張政策をとっているのだろう（菊地）。

戦前の日本は膨張政策をとり、満州国などを捏造して、イギリスやアメリカの中国における権益を阻害したことでアメリカと衝突してしまったのだ。今、中国の海洋進出の膨張政策はアメリカとの緊張関係を作り出しているが、軍事大国としての両国の対峙は、戦前の日本とアメリカのようにはいかないから、お互いの利益線について理性的に話し合うしかないだろう（菊地）。

清国は日本への賠償金の支払いで列強から多額の金を借り、そのためにあちこちの領土が租借されてしまった。遼東半島は三国干渉で無になったが、このことからでも列強のアジアに対する帝国的侵略は強烈である。遼東半島はその後ロシアが強引に租借し、満州を占領し軍隊を駐留させ、鉄道を敷いた。満州を押さえ南下して朝鮮を支配しようとしていたのだ。ロシアは帝国主義国家として膨張し、中国、朝鮮を支配しようとしていたのだ。ロシアはシベリア鉄道が北満州を通過する権益を得、ロシア艦隊は旅順港に入り居座る。ドイツ、イギリス、フランスも租借を得て、中国は欧米帝国主義列強の半植民地となる。

ロシアは満州に駐留した軍隊を撤退させなかった。日本の撤退の要求は無視され、日本には朝鮮の権益を要求していた。そうしたいきさつで、日本の新聞はロシアに対して強硬な論陣を張っていた。日清戦争で得るはずだった遼東半島もロシアが中心になった三国干渉で返還したことも、日本の大衆は非常に恨みに思っており、それもロシア討つべしという声になっていたのだった。

日本の安全のためには朝鮮半島に敵対する勢力の侵入を防ぐ必要があった。朝鮮にその力がないので、日本が朝鮮を支配して強い国を作り守ることが、ロシアの満州進出に対する規制弁になると考えた（『韓国併合』126頁）。日本は日清戦争後も対ロ戦に備え軍拡を続けた（126頁）。

ロシアとの戦争で、奉天の戦いに勝利した日本はこれ以上の戦費の調達はむずかしかった。バルチック艦隊の全滅を講和の時期と考え、日本政府はルーズベルト大統領に講和の斡旋を頼む（『大日本帝国の試煉』335頁）。日本は開戦以来一九億円の戦費を使い、多数の将校の欠損が生じた。日本死傷者七万人、ロシア六万人だった。この講和は第二次大戦に無謀に突入したよりはましな決断だった（菊地）。

講和条約の内容は朝鮮半島の処分の自由、遼東半島の租借、ハルピン～旅順間の鉄道の譲渡、樺太の割譲。ロシアはこれらを認め、賠償金は支払わないで妥結した。そのころ国民は新聞による勝利の報道に歓喜し、講和では大きな賠償金が入ると考えていた。これほど歓喜するのは、戦費捻出のための増税や国債発行で国民は苦しい生活を強いられてきたことや、大国ロシアに勝利し日本が強い国になったと誇れることだった（338頁）。

講和会議の報道がもたらされ、賠償金が入らないことに国民の不満は大きかった。民衆は暴徒化した。政府がこれ以上戦う戦力のない事実を報道しなかったことが国民の爆発の原因だろう（菊地）。日比谷公園に三万人もの群衆が集合し、暴徒化し、政府は戒厳令をしいた（346頁）。

帝国主義戦争

日露戦争は帝国主義戦争だった。帝国主義体制の一コマだった。世界市場の分割が進み、極東市場も最後の市場として列強に分割され、満州もロシアが独占するのを不満とするイギリスやアメリカの後押しを受けながら日本はロシアと戦ったのだ。それは当時の外務大臣が言っているが満韓、沿海州に利権を伸ばし日本の発展を願っているのだ。資本家を鼓舞して帝国主義への成長を促進したのは明治政府の官僚だった（332頁参照）。

日本は帝国主義国家として植民地獲得に参加し、列強の植民地分割の仲間入りをした。ロシアの満州独占に対抗するために日露戦争を起こしたが、ロシアの満州支配に反対する英米の協力で外債を発行できた。列強は競争、あるいは協力して世界を植民地化したのだ。日本はその後満州を支配するに至り、英米の持つ満州の利権と衝突し、愚かにも日本の軍隊は大国である英米に対し、太平洋戦争を起こすに至るのだ（菊地、『日清・日露戦争』、『大日本帝国の試煉』参照）。

象徴の設計としての天皇

松本清張に『象徴の設計』という本がある。その名前をいただいて小見出しとした。

象徴とは直接的に知覚できない概念、意味、価値などを、それを連想させる具体的事物や感覚的形象によって間接的に表現すること。また、表現に用いられたもの。絶対的権威、絶対君主、統帥権などは天皇の顕著な象徴だ。

松本清張に言わせれば、藩閥政治は天皇制度の象徴を設計したのだ。東大では美濃部達吉の機関説が講義されていた。だから帝大出身者などでは天皇機関説が当たり前だったのだろう。時代が下り一九三五（昭和一〇）年に国体明徴において天皇機関説が攻撃された。天皇の権威や地位は絶対的だという天皇制が日本国民をまさに法律を通しあるいは教育勅語を通し、あるいは軍人勅諭を通して縛り付けたのだ。

天皇と政権の関係を言えば、歴史上政権を取ろうとするものはすべて天皇を自分の側につけることによって成功を得ている（松本清張『象徴の設計』文春文庫、二〇〇三年、296頁）。岩倉具視は天皇を神の座に据えることで明治政体の基礎を下から固めようとした。岩倉の設計は天皇を現人神に仕上げることにある。巡行で天皇の権威を見せた。山県有朋は政府の施策はすべて天皇の意志から出たように見せかけた（同298頁）。これは天皇制の設計だ。まさに象徴を設計していくのだ。天皇制という象徴にさまざまな飾りをつけて天皇の権威を高め、それによって行政を動かしていくのだ。これが日本の天皇制なのだ。藩閥政治が作り出した設計だ。

隅谷三喜男によれば、明治天皇は政治のからくりに操られる単なる人形ではなかった。明治天皇はカリスマ的天皇だった（『大日本帝国の試煉』492頁）が、明治天皇の英邁さにいつまでも依存できないし、次代の天皇はひよわだった。それゆえ、官僚機構を整備し天皇は準備された機構の中で行動をすることになる（487―489頁）。

『現代日本の思想』（久野収／鶴見俊輔、岩波新書、一九五六年）は、天皇体制について今まで述べたことの要約をしているように思う（126頁以下要約）。

伊藤博文の作り上げた国家は天皇の国民、天皇の日本だ。天皇は政治権力と精神的権威の両方を持つ。外面の行動として天皇の制定した法律を守ること、内面の意識として勅語や詔書に従わせることによって支配を徹底した。同時に現人神であり、一君万民のシステムで国民の平等を保障し、立身、出世、栄達の道を確保した。

国民における天皇大政の翼賛、輔弼は元老、内閣、軍部、枢密院、貴族院、内大臣などを通じて実現する。天皇は国民全体に対して絶対的権威として現れ、国民教育、特に軍隊教育は天皇のこの性格を徹底的にしみこませた。このことをこの本は「顕教」と言っている。

しかし天皇の側近や周囲の輔弼機関からみれば天皇の権威は名目的権威であり、天皇の実質的権力は機関の担当者がほとんど分割代行する。それだけに天皇制という制度は権力を得ようとする者に簒奪される危険があったのだろう（菊地）。

天皇は国民に対しては絶対君主、支配層間では立憲君主、国政の最高機関だ。これが伊藤の作り上げた天皇像なのだ。だから伊藤は基本的には天皇機関説なのだろう。天皇機関説とは、統治権は法人たる国家にあり、天皇はその最高機関として、内閣等から輔弼を得ながら統治権を行使すると説いたものである。天皇の権威や地位は絶対的だ、という説とは違う。

天皇と二・二六事件の関係性を言えば、天皇については二・二六事件は一つのアイロニーだろう。山県は軍人勅諭で軍隊が天皇に忠実であるように作った。その理由は兵隊の多くが貧しい農家の出身であり、彼らが自由主義の思想を持つなどして、それが軍隊に蔓延し騒動を起こすことを恐れたからだ。

実際それが起きたのが二・二六事件だ。青年将校は北一輝の考えに賛成し、また貧しい農民の実家を憂える兵士にも心を動かされ、天皇を悪い方向へ引っ張っている側近を殺害し、天皇を自分たちの方に引き入れるために昭和維新を断行しようとしたのだった。結局は山県が一番恐れていたことが生じた。天皇制という制度は権力を握ろうとする輩に利用される危険な制度だったのだ。

二、明治の精神構造と今日

『明治精神の構造』（松本三之介、岩波現代文庫、二〇一二年）の「明治の精神の骨格」（14頁）に明治時代の精神が描かれていて面白い。そこでは、一、国家的精神、二、進取の精神、三、武士的精神、に言及しているが、ここでは「国家的精神」を取り上げる。

「国家的精神」とは自己と国家との同一化の傾向であり、したがって国家の利害に対する強い関心ということである（14頁）。維新の動乱の中でそれを目の当たりにし、それに立ち合っているという実感があった。ここに国家の問題は他人事ではないという思いで自己と国家の同一化が生まれた。国家をめぐる問題に強い関心を持つことが明治人に共通の精神的態度を形作った。主要な課題は不平等条約と治外法権の撤廃だった（15頁）。治外法権の撤廃、関税自主権の回復が明治時代の最大の外交課題、その実現は国民各層の願望だ。こうしたことが明治の精神を国家主義の方向に傾ける（15頁）。

だがそこでは在野の思想と結びつき内的エネルギーをも提供する。内村鑑三も自分を支える思想として二つのJを言う。それはイエス（Jesus）と日本（Japan）だ。彼は熱心なナショナリストだったのだ（16─18頁）。その弟子の矢内原忠雄もその系譜だろう（菊地）。

明治時代から日清戦争、日露戦争、日中戦争、太平洋戦争と戦争が続くから、さきの国家の問題が自分の問題だという思いが、その強い刺激の繰り返しによって戦前の日本人の全体的な精神的構造になっていったのではないか。だから軍部への批判よりもお家のため、つまりお国のために、国が勝つ事が、自分が勝つ事であるから、懸命に支え応援したのだろう。勝てばちょうちん行列だ。三国干渉で失敗すれば不満の騒動が起きる、となったのではないだろうか。そういった意味では、すべての戦争は、一部の人間だけというより、日本国民が一丸となって一等国を目指して励んだ戦争であったのだろう。日本も帝国主義国家として世界の仲間入りを願ったのだ（菊地）。

多くの本が日米戦争について、この戦争が避けられなかった理由として、多くは決められないまま（決断できない他人任せ）行ったとか、アメリカにはめられたとか、あるいはトップが腹切れば済むのだとか言っている。それらを読んでいまひとつピンとこなかったが、さきの国家との一体化を読んでなんとなく私なりの感覚がわかりかけてきたようだ。

東條英機が二〇万の兵と多額の金を使った日中戦争を「引こうとしても引けない」と言ったが、国民の声にはもう後には引けない高揚感があり、「中国をやってしまえ」という雄叫びだったのだろう。

それを知っているから東條は引くに引けなかったのだろう。

『明治精神の構造』は国家に対する心構えだが、『「日本人論」再考』(船曳建夫、講談社学術文庫、二〇一〇年)は差別、関税、治外法権などが日本人のナショナリズム、自尊心を傷つけたことに対して、日本人の自尊心を鼓舞、日本人のメンタリティーを支える多くの「日本人論」について言及している。

砲艦外交で開国した日本人が見出した日本というものはアメリカ、ヨーロッパの下位に置かれていると感じられる国だった(38頁)。下位でスタートしたために帝国主義間の競争では焦りや、中国のように国家の肉を切り取られる恐れや不安が為政者にはあった(38—39頁)。不安は、日本が近代の中で、近代を生み出した西欧の地域的歴史に属さない社会に由来しているからだ(39頁)。それゆえ、「『日本人論』とは、近代の中に生きる日本人のアイデンティティの不安を、日本人とは何かを説明することで取り除こうとする性格を持つ」と、著者は日本人論の仮説を立てる(39頁)。これらは日本人の内面や精神性の武装に供したのだろう(菊地)。

著者が取り上げた志賀重昂『日本風景論』(62頁以下)によれば、日本の風景は世界に誇れると書いてある。「日本が火山列島であるから地表が収縮してさまざまな景観を作り出している」が中国、朝鮮にはそれがなく、アジアの隣国より優れ、欧米の景観と肩をならべるものだ、と志賀は言っていると著者は解釈する。

日清、日露戦争を行い、躍進する日本は西欧文化と肩を並べるが、西欧の歴史に属していない日本の成功の理由をより揺るぎない条件である「地理・地質」に求めている（66頁）。日本の景観が西欧と肩を並べている、と日本の素晴らしさをアッピールすることによって、西欧に見劣りしないことを強調するのだろう。こうして西欧コンプレックスを乗り越えてゆき、日本人のアイデンティティ（揺るがない自分らしさ）を確立しようとする。日本人は西欧に負けてはいないという自負心をこれらの本は強調する。

発想は内村も同じだ。生き方がキリスト者としてもふさわしい者たちとして、日蓮も二宮尊徳もキリスト教的価値観で高く評価される人々だ（70頁）。こう言うことで、歴史的存在として西欧文明に属していないが、近代において西欧と同じ活動をする資格が日本にはあることを、内村はキリスト者としての立場から根拠づけた。このようにして、日本の知識人は日本の徳が西欧のキリスト教と遜色のないことを強調するのだろう。これも西欧コンプレックスの裏返しなのだが、こうして日本は西欧と並びうるのだという自負心を持とうとしたのだろう。その背景はやはり不平等条約を押し付けられても跳ね返せなかった国力の差があったのだ。多分日本はたまたま植民地にされなかっただけの話ではないだろうか（菊地）。

新渡戸稲造『武士道』については、欧米の文化、ことにキリスト教的道徳に通じるものがあることを論じ、日本が欧米各国と比肩するような国家であることを認識させようとする（71頁）。

こういった日本人論などが日本人の頭を啓蒙し、精神的な癒しの効果を持ち、日本人のコンプレックスの克服に効果があり、日本人に誇りを持たせるのに役に立ったのではないか。そのキリスト教国が他方では帝国主義国家として植民地を漁り、世界のほとんどの国を植民地化したのだ。日本も西欧に早く肩を並べ植民地競争に加わりたかったのだ。それが富国強兵の道だったのだ（菊地）。

これらはポジティブな日本評価であり、筆調の高さがある。それは著者たちがエリートであったからだ。こうした明治は明るいと言われる（79―80頁）。

司馬遼太郎が言う日本の節目は、日露戦争の勝利の年である。幕末から一九〇五年までの、成功した明治国家のあとに、鬼（鬼胎）のような得体のしれないものが生まれ、それは自分を日本の近代だと名乗る。それが生まれ一九四五年の敗戦で潰え去るが、鬼胎の四十年は日本ではなく別の国のようだと司馬は言う（148―149頁）。

夏目漱石は日露戦争勝利の一九〇五（明治三八）年から本格的に小説を書く。著者は漱石を取り上げ行き惑う人々の姿を示す。

明治時代、帝国大学を出た者が各地で文明を広げる役割を担ったが、その時代背景の漱石は『三四郎』を執筆し、主人公三四郎は末尾で「迷羊（ストレイシープ）」とつぶやく。『それから』では帝大卒の代助が友人の妻と愛し合うことでエリートの道を閉ざす。漱石は輝かしいエリートの道からドロップアウトした人を描くのだ（156頁）。また、これらの小説には日露戦争の後の不況による自殺、汚職、犯罪、伊藤博文の暗殺、幸徳秋水への言及など、当時のさまざまな事件が織り込まれ（157―158頁）、漱石は明治国家の「行方のなさ」を指摘している。こうした社会空間で登場する人物たちが変動する社会情勢に取り囲まれ、行き惑うさまとして描かれているのだ。エリートは長期の見通しもなく、目前の情勢で動いていたという。

吉本隆明は、漱石はパラノイア的だと言う。

パラノイアと言ったほうがいい場面がしばしばある。『行人』という作品を取りあげて、一郎という兄と二郎という弟が、一郎の奥さんをめぐって一郎が三角関係の妄想をもつというモチーフだが、その妄想は、どうして存在するかといえば、漱石の資質のなかに病的な要素としてパラノイアがあるからだと言う。『それから』でも『門』でもその関係だ。そういった本が多い。親しい間柄で愛憎が深刻化し相手が自分に敵対したり、自分を追い詰めたりする。もう一つは同性愛的要素だ、と指摘する（吉本隆明『夏目漱石を読む』筑摩書房、二〇〇二年、148頁）。

漱石は内面の自らの葛藤の表出として、男女の不倫を通してそこに潜む心の姿を描き出すことにおいて自らの思いを表現したのだろう。男女の不倫の姿の小説を描き、得意とする近親の三角関係の葛藤の手法で、明治の戦争後の不安定な状況の中で個人の生き方の内面を追求していったのだろう。『門』などでも結果としてエリートを棒に振り一介の市井の人となる生き方になるのだ。漱石は政治的な事柄には関心はなかったようだ。

日本は日露戦争に勝って、一流国として認められたが、これからどう日本が歩むかについて不確かだったのだと著者は漱石などを例にとり明治を分析する。実際には、明治の戦争は一つの節目としてさまざまな生き方が出てきていると私には思える。

内村鑑三のように生きた人もいたのだ。日清戦争には後に反対し、日露戦争にははじめから反対したのだった。朝鮮を植民地化し、その圧政に抗議して伊藤の暗殺があり、満州を攻略し、国民は熱狂の中にあったのではないか。

幸徳秋水らの天皇暗殺、大逆事件の被告が非公開の裁判で死刑判決をされ、一二名が処刑されるなど、天皇体制が強烈に日本を締めつけていた時代なのである。幸徳秋水の死刑は冤罪と言われる。社会主義者の弾圧の見せしめなのだろう。社会主義者らラディカルな考えの人々が狙い撃ちされたのだ。

日露戦争後日本の財政は著しく逼迫していたから一般人の生活はとても苦しかっただろう。それだけに国民は朝鮮、中国に対してはより差別的であったはずだ。漱石はそういった社会政治の世界は承知の上で、いわゆる通俗文学者として時代的に生きたのだろう（『「日本人論」再考』162頁）。

日露戦争を社会主義者は批判し、犠牲を強いられた国民は講和内容の乏しさから暴動を起こす（一九〇五［明治三八］年）（『明治精神の構造』189頁）。民衆が集団で街頭に出て政治的意思を表示する形態が出現したのだ。それだけでなく、人々の自我の意識の胎動があった（190頁）。与謝野晶子の詩を紹介している。旅順攻略戦に参加していた弟を嘆いた詩だ。

ああをとうとよ君を泣く
君死にたまふことなかれ
末に生れし君なれば
親のなさけはまさりしも
親は刃（やいば）をにぎらせて
人を殺せとをしへしや
人を殺して死ねよとて
二十四までをそだてしや（191頁）

日露戦争後には多様な思想の芽生えがあったのだろう（菊地）。

日露戦争で税金やその他で戦争を支えていたのに、賠償も取れず、さきに述べたように大衆は怒って暴動を起こすのだった。少し丁寧に説明すると、新聞社、交番、キリスト教会、民家、電車、官邸が襲撃される（隅谷三喜男『大日本帝国の試煉』中公文庫、改版二〇〇六年、345頁）。この事件で起訴されたのは下層の人々が大部分だ。彼らは戦争のおこぼれにあずかれなかったうえ、米価が上がり苦しかった。講和になって賠償金が入れば景気が良くなると期待していたのだ。それがだめなので日ごろの鬱積が爆発したのだ（346頁）。日露戦争での出費で、国の財政の三分の一は国債償還、三分の一は軍事費となり、少ない予算のゆえに貧しい人々はより貧しくされていったのだろう（菊地）。

国家体制の立て直しに天皇が使われた。一家の働き手が戦争にかりだされ、ある場合には戦死だ。これでは親に孝はできない、国への忠だけだ。この矛盾を、天皇への忠は家族への孝なのだと教えた。自分が死んでも天皇に忠であることが第一の孝だと教えた（386頁）。天皇制の引き締めが厳しく、一九一二（明治四五）年には美濃部の天皇機関説がやり玉にあがり、天皇の絶対性が確立するようになる。これによって日本は天皇の下で忠を尽くすように強いられるのである。

明治維新は武士の革命だった。したがって明治政府は武士階級の政府であり、いわば市民革命ではなくて上からの革命だったのだ。だから政府は統治しやすい方法を取ったのだ。民主化はほどほどの手綱さばきで、当然にして国民の統治には天皇制を使うのが都合がよかったし、国民も徳川時代以来権威に従う生き方になれていたためにそれに従うことが習い性だったのだろう。ほどよい文学がもてはやされ、危険と思われる社会主義的書物は発禁され、上手に締め付けられていったのではないか。

一生懸命財政などの負担をしたのに賠償が取れずに、国民に元気が無くなったという。

さきに述べた自分が国を背負っているという一体感で国を応援していたが、失望し、暴動へとなったのだろう。

暴動に参加したのは下層階級が多かったから、とても夏目漱石の本など読む暇もなく、あの本が中流以上の安定した階級に好まれた本だったのだろう。そこに不安とか孤独とか書いてあるが、それは誰にもあるし、それは生活に余裕のある階層の信条でもあるだろう（『「日本人論」再考』162頁）。貧しい人はそんなことは言っておられず、どうやって今日、明日を生きていくかで手一杯であったろう。日本はこの戦争で辛勝したが、財政は火の車だった。満州を維持するために軍備と軍隊が増強され、それが財政を圧迫。庶民の生活を圧迫したのだ。

日本は日露戦争によって不平等条約を是正し世界に肩を並べる国になったが、日本が豊かになるために膨張主義となり、朝鮮、満州の権益を手にしたのだった。天皇制の締め付け、国会の開催と政党間の確執、統帥権、天皇機関説など日本は明治以降さまざまな事柄を処理する必要があったが、軍の肥大化と軍部の政治への介入、統帥権の独占により満州国設立と日本の孤立、そして日中戦争への突入は日本の命とりだったのだ。

日露戦争までの健康な日本がなぜその後の敗戦をもって終わる四十年を生んだのか（302頁以下）。司馬はそれへの答えはなかったが、著者は自らの答えを言う（303―305頁）。

世代を区分し、明治の第一世代である福沢諭吉や明治政府の創立者たちと、その人々が育てたエリート、新渡戸、『坂の上の雲』の人たちの第二世代が日本を作った。その明治の彼らによって文明開化、富国強兵が進み、不平等条約の改定が日清、日露戦争勝利でかなえられた。次の世代が鬼胎の四十年を担ったのだ。第一、二世代のおかげで、アジアから抜きん出た、白人と対等の強国になった。この世代がアジアを蔑視し、欧米に対し外交、戦争でも強気な姿勢なのは、健康な明治の四十年の人々に育てられた結果である。一九四五年の惨憺たる敗戦への判断を行った指導者と多くの日本人は、健康な明治から生まれるべくして生まれたのだ。そう著者は言う。

健康な明治であったかどうかは問題だが、明治の指導者たちが作り、その体制によって育てられ成長した人々から鬼胎の四十年が育まれたのは紛れもない事実だ。

まさに、明治時代からの振る舞い、つまり朝鮮を植民地に、中国を蹂躙するひどい行動が明治以降の時代を作り出し、最後には第二次大戦の悲惨な敗戦に直行する道筋を作ったのだ。敗戦によって軍国主義が終わった日本は鬼胎の四十年間の残滓を徹底的に捨てて新しい日本とならなくてはならない

（菊地）。

アジアと西欧の間にあってアイデンティティが揺らぐ時が来るだろうと著者は言うが（310頁）、著者が日本をアジアと西欧の間と言う、その設定はおかしいのだ。日本は間違いなくアジアの一国だ。そのアジア諸国が成長し、特に韓国は著しく、中国は超国家になっている現在、中流国になった日本とはなんであるのか、日本人はどうあるべきなのかが問われているのだ。国内にあっては円安、物価高だ。国債の国の保有は異常だ。日本はどのように歩んでいけばよいのか。日本は今アジアの中流国として謙虚にその生き方を考える時である。戦後アメリカに隷属しているような国として歩んできた日本だが、戦争中アジアにひどいことをしてきた日本はアジアの一つの国として、私たちは自分たちの立ち方をとらえ直さなくてはならない時が来ているのだと思う（菊地）。

三、なぜ日本が軍国主義になっていったか――クーデター

なぜ日本が軍国主義になっていったか

藩閥政治が行き詰まり、二大政党時代になる。政友会は外交内政で右傾化し、憲政会（民政党）は幣原外交と共に内政面でも民主化を強調した（坂野潤治『日本近代史』ちくま新書、二〇一二年、345頁）。一九二五（大正一四）年以来、平和と民主主義の憲政会と、侵略と天皇主義の政友会の二大政党制が発足した（346頁）。二大政党の一つが中国への武力進出を容認するという一九二五年以降の政治状況は陸軍内の満蒙強硬論者を元気づけた（347頁）。こうしてみると、ただ単に軍部の強硬論に世論が

押されただけでなく、選挙で選ばれた政党、民政党も軍部の行動を支えていたのだ。これは軍部には心強いものがあっただろう。いわば、軍部だけの独走ではないのだ（菊地）。

当時ロシアから得た満州、関東州の租界などの権益により、同地への投資が進められた。

中国は、蒋介石の北伐などの混乱から、この地に進出している日本人を保護する目的で政友会内閣は三次にわたる山東出兵（一九二七―八年）を行った（347頁）。

そのころ、陸軍の佐官級将校永田鉄山、東條英機、石原莞爾らが木曜会を持つ。のちに彼らが陸軍を引っ張る（菊地）。政党が武力擁護を打ち出した時、軍部の木曜会は満蒙の領有を目指した（349頁）。当時、野党の浜口雄幸は政友会の山東出兵を批判している（350頁）。

歴史的背景としては、日本が不景気の中にあり、海外に植民地があればそこでも働けるだろうという期待感から、中国への武力進出を短絡に肯定する多くの人々がいたのだろう。これは現代の憲法改正論の国民感情に似ている。中国の膨張政策、北朝鮮の核弾頭の威嚇、挙句がロシアのウクライナ侵略までも改正論の必要性に織り込み、結局は参議院の三分の二を改正論者が占めるまでになってしまった。なぜだろうか、それは日本人の視野の狭さ、過去の戦争の悲惨さの記憶を忘れているからだ（菊地）。

他方、二大政党の極端な対立は日本国家そのものを危機の時代に導いた一因だ、と坂野は指摘する。

憲政党が勝てば平和と民主主義が内閣で強調され、政友会が勝てば侵略と天皇主義が強調される（347頁）。それに対して陸軍主流派の中堅将校は政権交代のたびに対中政策が大きく変わることに強い不満を持っていた。憲政党（民政党）、政友会が敵味方になって争うような分裂状態は国家の安全保障を考えている軍人の目から見ると耐えられないのだ（351頁）。

ワシントン会議（一九二一年）で中国の主権、領土内政不干渉が条文化され、山東半島租借権返還となり、日本の権益は満蒙鉄道、鉱山と鉄道路線の関東軍の守備権だけとなる（338頁）。

政友会政権は満蒙特殊地域の権益を擁護し、関東軍は出兵によって日本人居留民と日本の特殊権益を武力で保護する。これは日本の満蒙権益を守るための武力干渉の第一歩だ（344頁）。憲政会の原敬や浜口雄幸などは戦争抑止論に立ち、国際連盟の行動を重要視し、ワシントン条約を尊重して東アジアと太平洋の国際関係を安定させようとした。

それに対して永田鉄山は戦争不可避論の立場だった。次期大戦のために自給自足が必要だが、日本は物資が不足しているから不足資源の供給先が満蒙であり中国大陸なのだ。

一九二〇年代の陸軍主流派、宇垣一成も総力戦は考えているが、英米との衝突は避けるべきとの立場なのに対して、永田は国策決定の自主独立のために、あくまで敵対、提携関係のフリーハンドであるべきという立場だ。だから場合によってはアメリカと敵対することになるのだ。この永田がゆくゆくは昭和陸軍を統率していくのだ（川田稔『昭和陸軍の軌跡』中公新書、二〇一一年、75―82頁）。

重臣グループ

元老西園寺公望や天皇への言及が今後出てくるのでそのことを少し説明する。

二・二六事件までは西園寺公望、牧野伸顕、鈴木貫太郎が重臣グループで国政や軍事の制約を強めた。元老―西園寺、内大臣（宮中にあって天皇を支え輔弼する役目の人）―牧野（大久保利通の次男）、侍従長（天皇の相談相手）―鈴木貫太郎、この三人が重臣グループを作り天皇のご意見番として国政、軍事に関与した。元老の西園寺は昭和初期の総理大臣をほとんど一人で決めた（半藤一利『昭和史 1926―1945』平凡社ライブラリー、二〇〇九年、55―58頁）。当然、その時代の政治、経済、軍についてご意見していたのだろう。天皇はそれに基づいて、拝謁したトップにいろいろ質問や意見をしたのだろう（菊地）。

軍事については、統帥権独立といって天皇が軍隊の頂点におり、議会の支配を受けずに軍のトップの意見により軍隊を統率し、動かすのだった。実際には天皇は飾りにすぎず、軍は天皇の名において、自分に都合の良いように兵を動かしていた。こういったことから見ても日本には戦前には民主主義は実体としてはなかったことがわかる（菊地）。

新聞はお先棒を担ぎ、軍部の動きを全面的にバックアップしたと半藤は強調する。国民は湧きたち好戦的になる（80頁）。

浜口首相狙撃（一九三〇年）

一九三〇（昭和五）年四月、ロンドン海軍軍縮会議で条約に調印する。軍縮で日本の艦艇を減らす割合に海軍は反対したが、外相幣原の親英米路線から譲歩してもまとめようとした。浜口首相は選挙で勝利し、世論の後押しで軍令部の不満を抑え調印した（大内力『ファシズムへの道』日本の歴史24、中公文庫、改版二〇〇六年、304頁）。このことは軍部、右翼の不信感を強め、そのような背景によって、一九三〇年一一月、浜口は右翼に狙撃され、重傷を負い後日死亡。だが、条約の批准は政党内閣の輝かしい勝利の記録だ（309頁）。

軍部の革新の動き

政治についてはデモクラシーの勃興、社会主義の発展、中国問題の激化、満蒙の危機、経済不況の深刻、農村不況に軍部は危機感を持っていた。ロンドン軍縮、政党政治不信、政党の泥仕合、汚職、駆け引きなどで世相は不穏な状況にあった（322頁）。

日本の政治を壟断（ろうだん）しているのは財閥だ。財閥の意向を無視しては当時の政治は動かなかった。財閥は政党、官僚と結託し、政治を腐敗させている。だから政党と財閥、これらを一挙に葬らなくては日本を救うことはできないとファシストたちは思っている。この発想はゆえないことではないと大内は言う（302頁）。

三月事件（一九三一年）

三月に右翼と無産政党を結集し、議会にデモし、軍は議会を包囲し、現内閣を辞職させ、西園寺（元老）等を動かし大命を宇垣一成（陸軍大将）に降下させる筋書きだった（326頁）。途中で腰砕けになり、うやむやになったが、軍の上層部にも話をつけていたからこういったクーデターが実際計画されていたのは事実なのだ。ここでも天皇が大切だ。天皇の力で軍人を首相に指名させることなのだ。

一九三一（昭和六）年九月、満州事変発生。中国軍が満鉄を爆破したとして関東軍は、路線の主要都市を占領した。アメリカの不信の解消に政府は必死だった。関東軍は参謀総長を無視して攻撃を拡大していった。軍部は巨大になり大きな政治集団になっていたのだろう。

一〇月事件（一九三一年）

二・二六事件と似たようなクーデター計画が一〇月にあり、露見してうやむやになったが、こういった動きを軍部上層部は巧みに利用する。これによって若槻内閣はつぶれ、幣原外交は葬り去られる。大命は犬養毅に下る。陸軍内統制派はクーデターによらず、政府を動かして目的を遂行できると考えた。だから青年将校の革新派の武力的行動を抑え始めた（335頁）。

右翼は尖兵となって国家改造を考え血盟団を作る。その目的は日本改造のために支配階級の指導者を暗殺することだった。重臣、政界、財界の大物が狙われ、三井の総帥團琢磨等が暗殺された（338頁）。

五・一五事件（一九三二年）

五・一五事件の三年前一九二九（昭和四）年、ニューヨークの株式相場が大暴落し、世界恐慌が始まる。衝撃は日本をも襲い、翌年には「昭和恐慌」と呼ばれる大不況に陥る。国内では、貧しい農村で娘たちの身売りがあるなどひどい貧困があった。政党政治は政争に明け暮れている。それに対して一九三〇年代の日本では、「昭和維新」をスローガンとする国家革新の動きがあった。指導者は思想家の北一輝らだった。青年将校や右翼団体が明治維新精神の復興や天皇親政を求める声を挙げていた。

一九三一（昭和六）年犬養政権発足（川田稔『昭和陸軍全史1』講談社現代新書、二〇一四年、228頁）。犬養と陸軍は満州についての考えが違っていた。犬養は中国側主権をある程度認めようとした。陸軍は満州の独立国化を考えていたが、犬養の満州国承認消極的姿勢は一部軍人らの強い反発を招いた。一九三二（昭和七）年五・一五事件が起きる。軍人、民間人三十名が五月一五日に首相官邸、内大臣官邸、三菱銀行などを襲う。首相、犬養毅殺害。この事件は軍部の方針に口出しする政治の除去も狙ったものだ。犬養の立派なことは、撃たれても軍人と話をして説得しようとしたその強さだ。大した男だ（菊地）。

五・一五事件に関する裁判の判決は軽いものとなり、首謀者の古賀清志ですら反乱罪で禁固一五年、一九三八年に特赦によって出獄する。これらの軽い判決が、四年後に起きる二・二六事件の原因の一つになるのだ。

一部軍人によるクーデター未遂や五・一五事件は、対外的には日本軍が中国を蹂躙し、満州を自国領とする計画の流れの中で生じたものだ。日本軍は武力による恫喝によって国内の政治を握り、対外的には国際摩擦を顧みないで強引に満州国（一九三二年）を作り上げたのだ。これは現代における（二〇二二年七月現在）ロシアのプーチン政権のようだ。良心的ロシア人は今のロシアは恥ずかしいと嘆いているという（菊地）。

元老、西園寺は政党政治の継続を断念し、元海軍大将の斎藤実を次期総理大臣に推薦。斎藤が立憲民政党、立憲政友会双方に協力を要請し、挙国一致内閣が組織され、軍部寄りの内閣ができる。軍部の政治への干渉が強くなる。これは現代で言えばロシアがウクライナの一部を実質的に支配し、親ロシア国を作って強い緊張関係をロシアと西欧の間にもたらしているのに似た構造だ。

犬養の後継選びで軍部は政党が政権につくのを反対した。また同じことが起きると恫喝したのだ。この事からも犬養へのテロは一部の軍人による行為とされながら軍上層部も承知していたのだろう。だから後継者選びでの発言になるのだ（262―263頁）。

ロンドン海軍軍縮条約では浜口内閣をバックアップしたのは西園寺、牧野内大臣、鈴木侍従長、一木宮内大臣などの宮中側近グループ（258頁）だとあり、一〇月事件の殺害リストにも宮中側近の名があった、とある。危険なので犬養には、自分で直接天皇に働きかけるよう西園寺は勧めたのだった（258―259頁）。

この発言を読んで二・二六事件で宮中側近が狙われた理由がはっきりした。宮中側近、元老西園寺らは、国際協調派の良識のグループだったのだろう。その視点で天皇の相談に乗っていたので、軍部は彼らを「君側の奸」と呼んで敵愾心を持っていたのだろう（菊地）。五・一五事件以来内閣は軍が支配した。後は天皇の側近を排除すれば天皇は軍の側のものになり、日本は軍隊の意思で動くのだ。二・二六事件のクーデターの青年将校たちはそのように考えたのだろう。

一九三二年、衆議院全会一致で満州国承認。満州事変では軍部は新聞を大いに利用した。新聞社も売り上げが伸びるから加担した。大衆はあおられ、戦争への気分を盛り上げ、民衆の間には戦線の兵隊のために一緒になってやろうじゃないかという機運があった（『昭和史 1926―1945』84―88頁）。日本が不景気だったから、せめて満州が日本のものになれば少しは豊かになるだろうという気分が多くの日本人にはあったのだろう。先進諸国でもあちこちの開発途上国を植民地にしているのだから日本もそうしたっておかしくはないと考えたのだろう。一九三二年満州国は承認できないとする国際連盟リットン報告書がでる。一九三三年日本は国際連盟脱退。

二・二六事件（一九三六年）

二・二六事件六日前、一九三六（昭和一一）年二月二一日の総選挙で陸軍皇道派と組んだ政友会は惨敗。それに対して反軍国主義、反ファシズムの党である民政党は議席を増やした。約一二〇〇万人の日本の有権者の多数は反軍国主義だったのだ（『日本近代史』414―416頁）。

日本の運命を決めた二・二六事件がどのようにして起きたかを見ていく。一九三六（昭和一一）年二月二六日朝、青年将校に命じられ歩兵約一四〇〇名が動いた。天皇の重臣たちを襲撃し、三人が殺され、一人は重傷を負う。三日後陸軍首脳部は武力鎮圧を決意し、兵二万四〇〇〇人が出動を命じられた。反乱軍は原隊に戻った。統率の青年将校らは自首し後日銃殺刑に処せられた（417頁）。民間人として北一輝、西田税が共に銃殺された。北一輝の著書『日本改造法案大綱』は青年将校らのバイブルとされていた。

二・二六事件の首謀者、磯部浅一の獄中日記は過激だ（磯部浅一『獄中手記』中公文庫、二〇一六年）。自分の考えが受け入れられず、ましてや獄に繋がれ軍法会議で銃殺刑を宣告された怨念の塊のような記録だ。この手記を密かに誰かが外部にもたらしたのだ。多分監獄の刑務官に磯部に同情する者がいたのだろう。磯部は自分の死刑判決に強烈に反発し、死を拒否する。

「何にヲッ！　殺されてたまるか、死ぬものか、千万発射つとも死せじ、断じて死せじ、死ぬることは負ける事だ、成仏することは譲歩する事だ、死ぬものか、成仏するものか。悪鬼となって所信を貫徹するのだ」。そして大綱を主張する。「日本改造法案大綱を一点一角も修正する事なく完全に之を実現することだ。法案は絶対の真理だ」（84頁）。

北一輝の日本改造法案大綱は、まず、天皇大権発動。天皇の名の下にクーデターを起こし、三年間憲法を停止し、両院を解散、全国に戒厳令を敷く。言論の自由、私有財産制限、国有化、労働者の待遇改善などは、社会民主党と考えが近い。内外の平等主義を言う（筒井清忠『二・二六事件と青年将校』吉川弘文館、二〇一四年、22頁）。天皇制を除けば社会主義的な考えだ。社会主義と天皇制のジョイントだ。

共産主義などは弾圧されたが、天皇中心の社会主義的発想は青年将校を魅了したようだ（菊地）。

一九二〇年代、軍縮で三分の一の軍人が失業した。再就職のままならないことも多かった。これらを契機に軍人の社会的地位が低落する。北一輝に共感する青年将校の背景にはこうした社会情勢があったのだ（30―40頁）。

大正中期、末期、米騒動、ストライキ頻発など社会運動が登場、左翼的運動もでてきた。軍人もそういった運動の影響を受け、北一輝の社会主義的傾向のしかも天皇制を中心とした思想に強く共鳴するのだった（筒井清忠『二・二六事件とその時代』ちくま学芸文庫、二〇〇六年、123頁）。昭和初期、農村恐慌など社会問題が生じ、青年将校を巻き込んだ青年将校運動が生じる（123―124頁）。目的達成のために軍部の上層部皇道派（天皇親政を考えていた）と結びつく。当初永田鉄山らも荒木貞夫などの皇道派に期待したが、永田は陸軍省軍務局長になり統制派（軍部の規律統制を重んじる）として皇道派と対立する。要するに軍隊内の派閥争いだ。永田は高度国防国家、統制経済を志向し、農村の救済事業も試行していた（128頁）。統制派幕僚と青年将校たちとの会談を持つこともあったが、幕僚側は省部（陸軍省、参謀本部のこと）がやっていくと言う。青年将校は陸大出のエリートには自分たちが接している兵隊の故郷である農山村の苦しみはわからないと主張し会合は決裂する（128頁）。統制派と皇道派の対立が先鋭化し、永田が皇道派に斬殺され、皇道派が追い詰められ一気に挽回しようとしたのが青年将校たちの二・二六事件であった（129頁）。

二・二六事件の青年将校の意図は最初はうまくいっていた、と筒井は語る（129頁）。

一般には二・二六事件の青年将校の無計画性や非現実性等が指摘されるが、筒井はこの事件の成功の可能性について検討している（256頁）のがすごいと感じる。私は状況さえ許せば成功していた可能性は否定できないと思う。

二・二六事件の青年将校の動きを『二・二六事件とその時代』の256頁以下から見ていく。事件が政治変革なのか「斬奸（ざんかん）による大義の宣明」なのかである（256頁）。行動将校には二種類の考えがあったと筒井は言う。それは斬奸行動のみの天皇主義と政治的変革を意図した改造主義だった。その中間もあったのだ。

大義を明らかにすれば国体の光は明徴になる。尊皇絶対的な天皇観、天皇主義だ。

このタイプは北一輝の日本改造法案大綱にはあまり親しんでいない。テロ後の後継首班を口にするのは天皇の大権私議だ（258頁）。改造主義の典型は磯部浅一だ。日本は天皇の独裁国でない、重臣、元老、貴族の独裁国でもない。天皇を政治的中心とした一君と万民の一体的立憲国だ。今は特権階級が天皇をロボットにして独裁政治だ、と言う（260頁）。日本的革命の哲学はただ王権奪取奉還だ。これが維新だ。王権を国民のもとへ奪取奉還。『大綱』を実現することだ。『大綱』を現天皇より優位においている（260頁）。著者は両者が混じりあっている者もいるし、改造主義でも深層では天皇主義である者もいると注意を促している（261頁）。

磯部らはソビエットの革命武装暴動についての資料を入手し、クーデターの戦術を習得していた（263頁以下）。今まで読んだ本では磯部らは側近排除後のブループリントは曖昧だと言われていたが、実際には周到な計画をしていたのだ。本気のクーデターを考えていたのだと思う（菊地）。

磯部らが宮城の完全制覇をしなかった理由としては、天皇主義の将校はテロ活動後臣下が後継首班を口にすることは大権私議の干犯だ、プログラムを提示することも忌避されると考えるので、磯部らはそういった将校と一緒に行動するためにも占拠しなかった（270頁）。

天皇↓本庄侍従武官長↓女婿山口大尉は皇道派の情報源としては確かだ。磯部らの意図が本庄侍従武官長を通して天皇に伝われば天皇はこれを認可すると考えた（272頁）。皇道派本庄は彼らが逆賊として処罰されないように天皇に具申するが天皇は受け入れない。

磯部や栗原の憲兵取り調べから、改造派の青年将校らの政権構想は皇道派首脳の一次的暫定政権の次に改造派が中核に参画した革命政権を考えていたと筒井は語る（275頁）。

二・二六事件後五月七日憲法に従って特別議会が召集された。特高や憲兵が支配した戦前の日本にあっても、衆議院は政府と並ぶ国家機関であり、内務省警保局が、議事録を検閲したり、発言者を逮捕する権限はなかった。特別議会で政府の施政方針に対し斎藤隆夫の演説がある。その中で陸軍を批判し、陛下の重臣が国を守るべく軍人によって虐殺されるとは国民にとり、耐えがたき苦痛だ、国民の忍耐力には限りがある、と。民政党は反ファッショ、反軍国主義を鮮明にした（『日本近代史』419頁）。

私はこの文章を読んだ時には驚いた。議会で議員が堂々と軍の批判をしているからだ。私は当時は軍の支配が強く、特高とかが強い引き締めで日本は窒息状態だと考えていたからだ。けれどもこの勇気ある演説者も気をつけないと右翼などのテロにやられる可能性はあっただろうと推察する。実際團琢磨とか犬養毅はテロに遭い殺されている。プロレタリア作家、小林多喜二も一九三三年二月に警察で拷問によって殺されている。

当時はまだ軍国主義とは言っても議員などはちゃんと発言していたのだ。こういった勇気のある人が当時いたのだから、私たち現代においても平和な日本を継続するために平和憲法を守り、軍隊が合法化されていくような日本にはならないようにしなくてはなるまい。

日本が犯した軍国主義は気をつけないと戻る可能性はないとは言えない。そういった経験を持っているし、日本の前の戦争を正当と言う者すらいるし、自民党は結構右翼的だから、こういった政党を野放しにできないように野党を伸ばさなくてはならないのだ。過去の戦争の記憶を思い起こし、その悲惨さをかみしめなくてはならない。英霊を復活させてはならない。

二・二六事件の結果

二・二六事件で、皇道派は追われ、統制派の軍人が陸軍を掌握し、政策遂行にあたる体制を作る。青年将校の行動を梃子(てこ)にして彼らが排撃しようとした、統制派軍人たちが陸軍の中枢を握り、政治をも掌握していくのだ。その意味で二・二六事件は日本の運命を決めた事件と言えよう（『ファシズムへの道』431、454―455頁）。

陸軍はこれによって勢力がそがれたのではない。この事件が、政府、財界の罪だとして改革を迫り、この事件を脅迫材料に使い、政治に対して軍の要求を強要し、日本の政治は軍部によって次第に牛耳られていくのだった（454頁）。

二・二六事件の背景

農民運動は土地を自分のものとするため戦うなど、労働運動とちがって小資本の所有者、小商品生産者による運動という性格を持っていた（同239頁）。右翼は農本主義に親近性があった。右翼の思想家は、農村は国の基礎なのだ、農本にして国は永遠たる、土の勤労生活が大切だ、と言う。こういう右翼の思想は青年将校に強い影響を与えた。将校も農村出身者が多く、また隊付将校として農村出身の兵隊に接することも多く農村の窮乏に危機感を持っていた（242—243頁）。

一九三〇（昭和五）年恐慌、日本不況、商品市場大暴落。失業者が増大、犯罪が増えた（214頁）。その中で窮乏が激しかったのは農民だった。「当時の日本農業の二大生産物であった米とまゆは、ともに価格の低落ぶりで、米は半分以下、まゆにいたっては三分の一以下という暴落ぶりである」（215頁）。不況だから地主が小作料を引き上げたために、特に小作農、自小作農の生活は非常にきびしいものとなった。農民が借金返済のために娘の身売りまで行った（220頁）。農村の場合一九三四（昭和九）年大凶作が東北地方を襲い、不況が長引いたのだった。一九三六（昭和一一）年以降から日本は不況を脱出した（222頁）。

農村の疲弊には、農業の構造に根本的問題があったのだ。それについて板野は『日本近代史』（215—217頁）で言う。

明治維新は藩主や武士の特権は廃止したが、農民の一種の身分制度には手を付けなかった。農民間の四身分、寄生地主、手作り地主、自作農、小作農の制度は終戦まで続く。この制度は時代と共に拡大した。松方デフレの下、デフレで米価が半減したのに地租は固定税で変わらず、それによって自作農は土地を手放し小作人に転落、その土地は大地主が買い上げた。自作農は九三万戸から六五万戸に減少している。大地主の戸数はほとんど同じだから、大地主の所有地は増大したのだ。

その後も大地主の土地が拡大し小作農の拡大現象が続いたのだろう。そういった構造が昭和初期の不景気の時に下層農民に襲いかかり農村が疲弊したのだ。二・二六事件の背後にはこうした農村の問題もあったのだ（菊地）。

財政では軍事費が急膨張をしている。失業対策で土木工事が行われ農村に対して救農土木事業が各地で実施された。農村のこのような救済は軍部の強い要求によるものだった（『ファシズムへの道』282頁）。

二・二六事件における天皇の動き

天皇の対応について北博昭の見解は注目すべきだ（『二・二六事件全検証』朝日新聞出版、二〇〇三年、103—105頁）。天皇が最も強く憤り、いち早く討伐を主張した（戸部良一『日本の近代』）と言われることに対しては、決起側に拒否反応は示したが「いち早く」だったかどうかは別であると述べる（103頁）。

天皇が事件を知るのは二六日の午前五時四〇分。甘露寺侍従が第一報を入れる。第一報を聞いた天皇は困惑、呆然のようだった。当時天皇は三四歳、大事件の勃発に圧倒されたのだ（104頁）。ほどなく六時頃参内した本庄侍従武官長が謁見した時もほとんど変わらない。本庄の日誌によれば「早く事件を終息せしめ」るようにとのことで、「非常に御深憂」のようだった。木戸が参内し、担当の内大臣は殺害、侍従長の鈴木貫太郎は重傷なので、木戸、湯浅宮内大臣と広幡侍従次長とで対策を練る。協議で強硬策を天皇に献策する。それは後継内閣すなわち維新内閣は成立させず、全力を反乱軍の鎮圧に集中することだった。天皇が討伐を主張するのは宮中グループの献策を受け入れてのちであった。宮中グループによって天皇は奪われ、決起は宮中グループに阻まれた。この時点で決起側は敗北へと歩みだす（105頁）。

筒井清忠（『二・二六事件とその時代』ちくま学芸文庫）によれば、木戸が鎮圧について積極的役割を果たしている（285頁）。

二・二六事件の首謀者たちは天皇の「君側の奸」を取り除くことを目的としていた。そうすれば天皇は自分たちの献策を受け入れると考えたのであった。天皇は今回宮中グループの献策で動いたわけだが、天皇は個人の意見では動けない制度になっているのだろう。だから「君側の奸」といわれた重臣がそれぞれの案件に対して献策し、天皇が裁可して行動がなされたのであったのだろう。だから今回も宮中グループの判断で討伐が決定したのだ。

多分、軍の上層部も宮中グループの出方をうかがっており、討伐となったので、青年将校に心情的には賛成していた皇道派上層部も寝返ったのだろう。統制派は青年将校の行動を利用しようとする考えはあったが、討伐の裁可で一気に討伐に行ったのだろう（菊地）。

松本清張も似たようなことを言っている。天皇は二六日には本庄侍従武官長を呼んで鎮圧を督促し、二七日には凶暴な将校等の行動も精神も許せないと本庄に言っている（『昭和史発掘』7、文春文庫、二〇〇五年、400―401頁）。

二月二六日の時点で天皇は決行部隊を「反乱」としたこと、二七日戒厳司令部が決行部隊に緩慢な策を取っている時、自ら軍を指揮し鎮定するという天皇の神権性が見えるが、これは天皇の意志や独立ではない。天皇をデスポット（専制君主、菊地訳）的にしたり、近代国家の君主にしたりするのは、体制の状況判断次第だ。ここでの場合は陸軍の幕僚部と宮廷官僚の後押しでそのように言わしめたのだ（『昭和史発掘』9、文春文庫、二〇〇五年、246頁）。結局は玉を握ったのは青年将校グループの決起に反対する統制派や宮中官僚だったのだろう。それによって一気に決起グループは潰され、銃殺刑に処せられるのだ。こうして見てくると、天皇制を巧みに使うことが、政治を運営するのには必要なことが見えてくる。これから先、軍部は巧みに天皇制を利用して日本の政治を支配していくのだ（菊地）。

二・二六事件の決定的な失敗は国民の支持がまったく得られなかったことだ。その理由は決行将校の社会情勢認識不足、独善性による。また決行隊が過大な兵力を使用したことが国民の不安を呼んだことや、国民は国内の流血手段には神経質だったからだ（370―373頁）。

時局柄後継首相は軍部の了解を必要とした（268―269頁）。政党は軍部に対して委縮し、軍部の圧力が強まる。広田内閣は軍部の言う通りに動き、高橋の健全財政主義を放棄し、公債の増発、増税となり、ほとんどが軍事費に当てられる。軍部の要求により、軍部大臣現役制が復活。これによって現役軍人の政治関与は露骨になる。

四、太平洋戦争と宗教者

中国侵略

半藤一利の『昭和史 1926―1945』（平凡社ライブラリー、二〇〇九年）、その他を参考にしつつ書いてみたい。

辛くもロシアに戦勝した日本はロシアが所有していた中国の権益を譲り受ける。清国から借り受けていた遼東半島の大半、南満州鉄道、安奉鉄道だ。これで満州南部の鉄道の権利をほとんど得る。鉄道守備のために軍隊の駐屯権も得る。二〇億円の国費、一〇万の同胞の血で贖ってロシアを駆逐した満州は日本の生命線だ。これが日本の大スローガンになる。うまいスローガンがあると国民の気持ちが妙に一致して同じ方向を向く。国民感情がピタッと一致した、と半藤は言う（65頁）。陸軍はマスコミ対策もしているから、国全体が右向け右と満州獲得に向け動いたのだろう。

世界恐慌の不景気もあり、蔑視している、でもでかい中国の一部を所有することに国民は浮かれたのだろう。日本の植民地にすることで日本の経済が潤うと考えた。石油はなかったが、満州の資源で発展できる。移民先としての満州でもあった。日本の過剰人口が掃ける。これらは帝国主義国家では日常茶飯事なのだが、中国におけるイギリスやアメリカとの利権の衝突が第二次大戦に繋がったのだろう。言い換えれば帝国主義国家同士の利害関係における戦争だったのだ。

私はアルマダ海戦（一五八八年）におけるスペイン艦隊とイギリス艦隊の熾烈な戦いを思い起こす。イギリスは世界の植民地の覇者スペインを打ち負かし、世界の植民地帝国になる。中国においては、イギリスの権益擁護のために、アメリカは日本を牽制するのだ。

中国が統一国家として成り立ち始め、ロシアは革命でソビエット政権ができ、日本を取り巻く環境がどんどん悪くなっていく。そういった状況の中で一九三一（昭和六）年、中国東北部奉天の柳条湖付近の鉄道（満鉄）が爆破された。中国軍の日本軍攻撃だというので、日本軍が動き満州を占拠した。これは日本軍が仕掛けたものなのだが、これを理由に日本は兵を動かしたのだ。この出来事を満州事変という。新聞は関東軍の擁護に回る。ラジオも勇ましい報道をする。国民は大いにあおられ、瞬く間に好戦的になる（80頁）。

幣原外相は中国、アメリカとの協調路線を行き、国連で不拡大の方針を約束するが、関東軍は満州を占拠したために若槻内閣は総辞職。幣原は外務省を辞任する。中国では排日運動が激しくなる。一九二七（昭和二）年頃、中国共産党の活動もあって反帝国主義活動が盛んになっていた。国民党の蒋介石も北伐するほど強い軍隊を保持し、中国共産党も勢いを持っていた。国民党左派は武漢に政府を作り、幣原は折衝を行ったが、軍部は軍閥を操縦して日本の権益を守ろうとした。中国への進出を狙っていたアメリカは蒋介石を援助していた（ここは大内力『ファシズムへの道』日本の歴史24、中公文庫、改版二〇〇六年、150頁以降を参考にした）。

広い中国で軍閥同士が勢力争いをくり広げる内乱が続く中、蒋介石の国民党や中国共産党が力を持ち始めて中国は民族主義や反帝国主義活動、反日運動が強まっている時代だった。そういった中にあって日本は軍隊を使って満州を占拠していくのだった。陸軍は新聞を徹底的に利用、新聞の方も戦争をあおって部数を増やす（『昭和史 1926―1945』85頁）。満州事変や上海事変などみな陸軍が策謀したのだが、国民は何も知らないからマスコミによって踊らされる。

このころから日本人の生活に軍国体制が根付く。新聞が書きたて、庶民の間では慰問袋ブームが起こる。戦線の兵隊のために一緒になってやろうという機運があった。半藤は日本人の気質を熱狂して一気に盛り上がる性分と分析している。一九二九（昭和四）年、アメリカの株の暴落以来、世の中失業者があふれ、戦争景気に期待があった。一九三一（昭和六）年、天皇や宮中グループ、元老西園寺は陸軍大臣に日中親善を基調とするように注意する。軍部はそれを無視して作戦を継続。一九三二（昭和七）年、五・一五事件が起き犬養毅首相が青年将校たちに暗殺される。満州事変を批判したためだ。これで政党政治は潰え、軍部の意見が強くなるのだ。

日露戦争に勝利して以来、大陸に軍隊が必要になり、増強に次ぐ増強で強い軍隊ができ、軍は独裁化し、軍部の独走が始まる。体制としては統帥権のゆえに軍隊は天皇だけが統率するから、参謀長の上奏を天皇は裁可し他は統帥権干犯になるので反対できない。そういった制度を利用して軍はどんどん独走し、日本が軍事国家になるのだ。満州事変などを天皇は新聞で知った（半藤一利、保阪正康、御厨貴、磯田道史『「昭和天皇実録」の謎を解く』文春新書、二〇一五年、95頁）。事件後直ちに天皇に報告すべきなのに軍隊は天皇を無視しているのである。

政治でも反対党が健全でないと数年前の安倍政権のように官邸がなんでもでき、改竄（かいざん）を正当化し、加計（かけ）問題でもうやむやになってしまう。司法まで利用してごまかす。野党が強ければごまかしはきかない。その意味で当時の軍部と安倍政権は同質の体質を持っていると考えられる。今後とも絶対多数の与党は独裁的になるから、国民はきちっとそういった状況を見極め、反対党を育成しなくてはならない。それが民主主義なのだ（菊地）。

日本が戦争のきっかけを作り（一九三一年）、満州を支配していた張学良の軍隊を破り、満州を占拠し、一九三二（昭和七）年満州国を建設し、日本は戦争景気に沸く。一九三三（昭和八）年国際連盟を脱退した。

多分、植民地戦争はみなそうだったのだろう。アヘン戦争が一番良い例だ。この戦争に中国が負けて、イギリスによって中国はアヘン漬けだ。儲かればよいのだ。帝国主義がどんなにえげつないかがわかる。ラテンアメリカではスペインなどの植民地として過酷な労働と天然痘でインディオは減少し、労働力を補うために黒人奴隷が過酷な奴隷船で連れてこられた。帝国主義国家は本当にひどい。日本も同じようにして汚い方法で満州を取ってしまったのだ。

日本国民は列強が植民地で搾取をしているのは知っているから、日本が満州を植民地化しても良心の痛みはなかったのだろうと思う。弱肉強食の帝国主義においては弱いところは餌食にされるのだ。日本も負けじと頑張るも、向こう見ずな戦争ですべてが破産する（菊地）。

陸軍の工作（『昭和史 1926―1945』143頁）等で美濃部達吉の天皇機関説（大日本帝国憲法では統治権は法人たる国家にあり、天皇はその最高機関として輔弼を得ながら統治権を行使すること）が潰される。明治以来この考えが学説としては通説だったが、軍部は天皇の権威や地位は絶対であり、国家主権の絶対者とした。その力を使って国家をより都合の良い方向へ運営しようとする。実際は軍部が天皇を利用して自分たちの考える国家経営を始めるのだ。

満州事変後、満州に隣接する熱河省、河北省を編入しようとしたのが、熱河作戦だ。天皇は最初賛成した後にそれを撤回しようとしたが、軍部は天皇を恫喝して、作戦を遂行し、編入してしまうのだった。天皇の意思を平然と無視する陸軍の在り方が熱河作戦で明瞭になった（『「昭和天皇実録」の謎を解く』58―65頁）。

満州国を策動した動機

参謀の石原莞爾らが政策の立役者だ。石原は日米世界戦争を想定していて、その戦争に勝つためには満蒙（満州、内モンゴルを指す）を支配すれば自給の態勢ができると考えていた。世界大戦が再び起きた時に、満州を押さえておけばさまざまな物資が調達でき、その戦争に勝ち抜くことができると考えた。そのためにこの満州を押さえて強い軍国主義国家を作ろうと意図したのだ。こういった満蒙占領計画は、もちろん石原一人から出たものではなかった。「満蒙権益の擁護・拡大は、もともと日露戦争以来の日本帝国主義の一貫した政策だったが、それが中国の民族主義の勃興によって危機に瀕していたのだから、ある意味では日本の支配階級のすべてがその対策を要求していた」（大内力『ファシズムへの道』日本の歴史24、中公文庫、改版二〇〇六年、351頁）。

まとめれば、満州支配はいくつかの意味があったのだろう。強い軍事国家にするための資源の源泉、日本産業、経済に資する資源、移民の地、さらにソ連に備える防衛線だ（菊地）。軍部は政治家の生ぬるい方法に我慢がならなかった。中共の進出、ソ連の国力、日本の政治経済の状況、陸軍の地位低下から武力によって満蒙を取得し軍の威信を高め、国防を安全にし、政治経済の刷新を図ろうとしたのだろう（351頁）。多分軍部は中国の現場にいて、その危機感がひしひしとあったのだろう。だから武力に訴えてでも満蒙を手に入れようとしたのだが、これは無茶な話で、中国も国力をつけてきたし、世界も日本の勝手を許すような状態ではなかったのだろう。軍部は強引に非合法的な方法で満蒙を手に入れ、自分たちの思う方向へ武力で進んでいく。

日露戦争が真珠湾攻撃に繋がった、と孫崎亨（『日米開戦の正体（上）』祥伝社、二〇一九年）は述べている。大きな理由は経済問題とそれに起因する社会不安だ。日露戦争後、財政は非常に逼迫する。国債償還費三〇パーセント、軍事費三〇パーセントだ。国政に使えるのが三〇パーセントそこそこではきちっとした政治はできない（同182頁）。

日露戦争後ロシアの南下に備えるために、日本は満州に進出する。満州に軍隊を置くことで軍の予算が莫大になり国家予算の三分の一は軍予算となる。再びロシアが南下する可能性があり、逐次軍備を強化し七〇万人まで膨らむ。その装備、給料、他莫大な出費だ。こういったことが国民の生活を圧迫し、国民は現状打破を唱える勢力を支持し、その最大の受け皿が軍だ（185頁）。

日本がロシアとの戦いに勝ったのは英米の支持による。日露講和条約ではルーズベルト大統領が仲介役に入る。ここに日本、ロシア、以外に米国の利益も入る。この条約では遼東半島、南満州鉄道の権益しか日本にはなかった。だが、日本軍が満州に居座り独占的に運営しようとすることに英米は抗議する。ここに真珠湾攻撃への道が敷かれていた（182―190頁）。

イギリスは中国に対して独占的な市場の権利を持っていた。日本は満州支配を排他的にしたために多くの摩擦をおこすのだ。言い換えれば、イギリスもアメリカも中国に対して経済的利益を得ていたのだ。それが損なわれることへの反発だ。だから何もきれいごとではなく植民地主義の極めて政治経済的利益における確執なのだ。

満州は日本の生命線と言われた石炭、鉄鉱石など豊富な資源の産出地で、資源の乏しい日本にとっては重要な場所だ。不景気な日本は満州を手に入れ活路を見出すのだ。当然中国は反発し、中国との戦争に発展する。イギリス、アメリカも中国に権益を持っているから、日本の政策に反対し、中国を支援する。言ってみれば日本とイギリスの利権争いだ。日本はイギリスの利権に踏み込んで行ったので、国際的批判を受け、アメリカもイギリスの後押しをする。

半藤は永井荷風の日記（半藤一利『永井荷風の昭和』文春文庫、二〇〇〇年）などを利用しながら昭和の時世を批判している。以下見ていく。

『断腸亭日乗』を引用し、昭和一六年の日誌によれば、軍人政府の専横一層甚だしく云々と。心の自由、空想の自由は暴悪なる政府の権力も束縛できないと気概を書き記している（同28頁）。その引用に続いて、半藤はその当時の時流を述べ批判している。それは昭和一桁生まれの思いだった。

中国を席巻できるという過信、好戦的、戦争気分で大部分の日本人は浮かれ、熱狂していた。日本人が示した熱狂と情熱、これは集団ヒステリーだと言う（29頁）。半藤は当時の日本人の高揚をあちこちでそのように表現している。貧しかった日本人の、お国のことを自分のことと思う明治の気質がそこにあったのだろうか。あるいは権威に隷属し一体化する日本人の特質かもしれない（菊地）。

満州事変が始まる前の日本の状況について半藤は、満州はロシアから譲り受けたものだが、中国の排日、抗日に日本人はいらだっていた。一九三一年奉天郊外の柳条湖で鉄道爆破事件が起き、関東軍は中国の仕業として戦闘に入る。国民は知らないから、日本人にナショナリスティックな熱狂を呼び起こした。当時震災不況、世界的不況で生活が苦しかった。事変で好転すると期待していたのだ。日本の産業基盤の零細企業が満州事変による軍需景気で息を吹き返す（48頁）。

盧溝橋事件（北京西南方向のところで勃発した日本軍と中国軍の小さないざこざ）が起き、日本の軍部は力で中国を抑え込もうとして、一九三七年に日中全面戦争に拡大した。蒋介石は後退作戦で徹底的抗戦をし、持久戦で戦う。日本の戦死者は四〇万人以上だ。日本軍は局地的戦闘では勝利するも、軍事力で屈服させる見通しはほとんどなくなった。日本は泥沼にはまって太平洋戦争へと突進するのだ（川田稔『昭和陸軍の軌跡』中公新書、二〇一一年、179頁）。中国への戦線拡大で、中国に持っているイギリスの権益が侵されるなどの過程でアメリカは強く日本を牽制した（195頁）。

一九三九年七月アメリカが突如日米通商航海条約の破棄を通告してきた（194頁）。これは日本によるイギリスの中国における権益侵害への警告措置だった。これでアメリカは六か月後にいつでも対日経済制裁を科すことができる。これでアメリカのイギリス重視の姿勢が明らかとなった。

軍部は援蔣ルート（中国を援助する道）封鎖のために北部仏印（現在のベトナム北部）に進駐した（一九四〇年）。アメリカは日本へのくず鉄禁輸で応じた。当時イギリスやフランスはビルマルートで中国を支援していた。中国にアメリカは支援を強化した。日本軍を中国に留め置こうとするためだ。日本軍が東南アジアの植民地に進出して、イギリスへの物資が妨害されればドイツと交戦しているイギリスは危機に陥るからだ。

日本軍は中国軍によって泥沼に引きずりこまれ、また日本軍を中国に留め置くためにイギリスやフランス、アメリカはビルマルートで中国を支援していたという言及は、現在侵略を行っているロシアに対する米欧のウクライナ軍事支援についても同じことが言えるだろう。

ウクライナは停戦を求めず、徹底抗戦を宣言している。あげた手を下ろせないロシアはどんどんウクライナの内部に侵入して、泥沼にはまってしまったのだ。ウクライナの犠牲も多いが、ロシアの兵士の損害は多大だろう。お互いの消耗戦だが、ウクライナには強い火器が次々と支援で入ってきてロシア兵の死亡が増え続けるだろう。それにロシアでは火器の生産も縮小するだろう。さまざまな物資の輸入制限のためだ。ウクライナが犠牲になっても戦えば、ロシアの軍隊が兵士の減少で弱体化する。武器の生産も減少する。ウクライナは身を犠牲にしてロシアの弱体化を狙っているのだ。アメリカ、ヨーロッパはウクライナを使いロシアの弱体化を狙い、ロシアは引くに引けず兵士の損害が増え続けるだろう。この先、ロシアは戦術核兵器を使い劣勢をはねかえして、停戦に持ち込むかどうか。

一九四一（昭和一六）年に日本軍が南進（南部仏印、今の南ベトナム進駐）した時に、アメリカは石油の輸出を禁止した。これで日本は二、三年で動力が使えなくなる。それもアメリカと戦争を始めた理由だ。まだ備蓄のある間に、アメリカを叩いてしまおうというのだ。

日本の南部仏印進駐に対するアメリカの制裁はいくつかの意味を持っていた。当時ドイツはソ連を攻撃していた。日本が東部からソ連を攻撃すればソ連は崩壊する可能性がある。崩壊すればドイツは再びイギリスを攻撃する可能性がある。イギリスの屈服はアメリカにとりヨーロッパへの足がかりを失うので安全保障上許容できない。それゆえ、進駐の機を捉えて石油全面禁止、言い換えれば対日戦決意で、北方での日本のソ連攻撃を阻止し、また東南アジアのイギリス植民地等からのイギリスへの物資の調達が遮断されることを防止する狙いがあった。この政策、対日石油禁輸、対日戦決意はイギリスの存続のために行われたのだ（266―269頁）。

一九四一年一一月アメリカとの交渉においてハル国務長官はハル四原則の順守（一：すべての国家の領土保全と主権尊重、二：他国に対する内政不干渉、三：通商を含めた機会均等、四：平和的手段以外の太平洋の現状不変更）、中国、仏印からの無条件撤退、南京汪兆銘政権（日本が作った中国の傀儡政権）の否認、日独伊三国同盟からの離脱を要求。日本側はこれに対して開戦やむなしと決意する（川田稔『昭和陸軍全史3』講談社現代新書、二〇一五年、334頁）。

中国からの撤退は難しかった。日中戦争で多額の費用をつぎ込み五〇万の兵を死なせているからだ。石油の輸入が禁止されると、日本の石油備蓄は二年か三年といわれるから備蓄がなくなる前に、そして、軍事力がまだ拮抗している今なら勝利のチャンスがある。強く叩いて後は持久戦で停戦に持っていくのだという（370頁）、非常に独りよがりの考えを軍の中央は考えていた。海軍は多数の物資と予算を得ているので、アメリカとの戦いに勝算はないと言いづらい。それが戦争を決意せざるを得ないところに追い込まれる理由だった（吉田裕『アジア・太平洋戦争』岩波新書、二〇〇七年、44頁）。検閲当局は日本の譲歩にも限界があるとしてアメリカ報道を緩めた。新聞や雑誌は強硬論になっていき、国内の強硬論をますますエスカレートさせた。対米戦回避のために、中国問題を譲歩すれば、クーデターや内乱が起きる恐れがあり、海軍首脳はその事態を避けるために開戦を決意したのだ、と吉田裕は言う（『アジア・太平洋戦争』52頁）。

新聞にあおられて、なにか国民が全体となってアメリカに敵愾心を持っていたのかも知れない。そのような世論に押されて日本は後戻りできない地点に追い込まれた（52頁）。こういった緊迫が開戦間際の日本を覆っていたのだろう。だから開戦直後の勝利で日本中は歓喜のるつぼと化したのだろう。

太平洋戦争

日本人の多くが真珠湾攻撃の戦果に狂喜した。誰もがこの戦争を独自の使命感を持った戦、聖戦と信じた。それは攘夷の精神だという。それはナショナリズムだ。日本人の自尊心や国家目的が問われる事態に対して強烈に過敏な反応を示す。他の民族から日本人を峻別し、優秀な民族という信念を持つ。それは欧米列強に

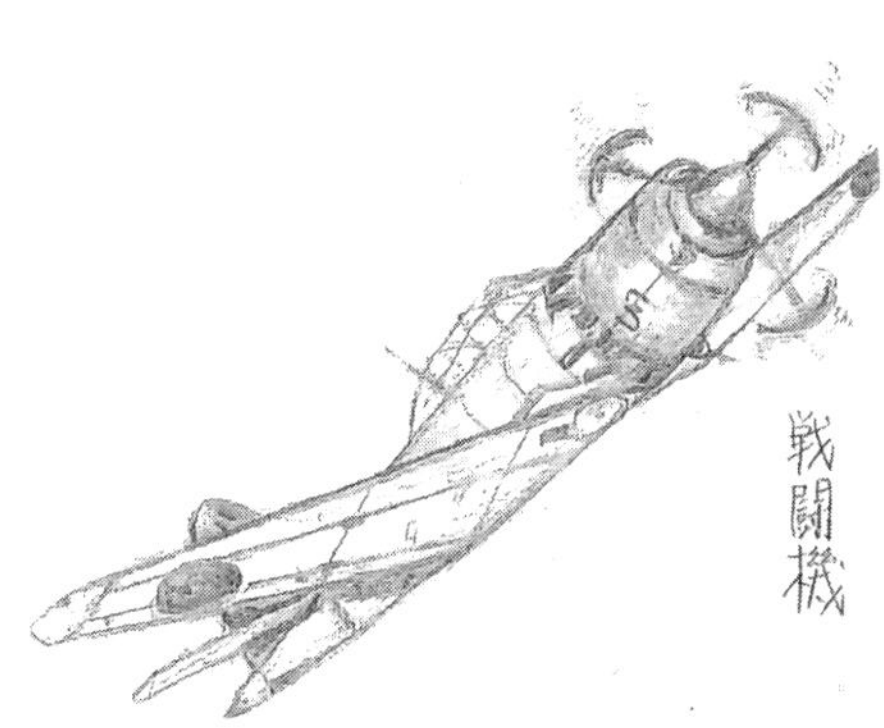

対するコンプレックスの裏返しだ。聖戦だ。なに一つとってもかなわないアメリカに大戦果を挙げたので狂喜した。神の国、日本の清い戦いだ（半藤一利『「真珠湾」の日』文藝春秋、二〇〇一年、395頁）。

真珠湾の軍艦などの壊滅的な損害に直面しても、ルーズベルト大統領は沈着冷静に、日本の攻撃に対しては絞め殺し作戦だ、彼らは何も持っていない、日本の飢餓と消耗によって勝つだろうと言う（365頁）。

まったく同感で元来日本は戦争のできる国ではないのである。鉄でも石油でも輸入に頼っている。まさに人の褌（ふんどし）で相撲を取っているようなものだ。それ以後ミッドウェーの海戦で大打撃を受け、ガダルカナルでは多くの兵士が死に、物量、兵器の近代化でとてもかなう相手ではなかったのだ。

真珠湾攻撃の次の日、出社した朝日新聞政治記者の飯澤匡は、いくら気を鎮めて、デスクで字を書いていても筆が踊って書けない。膝ががくがくした。震えは正直な反応だった。その時日本は負けると思ったのだ（360頁）。

開戦当時太平洋地域の海軍戦力は日本がアメリカに優っていたから、短期決戦で英米を屈服させることができると幻想を持っていた（『アジア・太平洋戦争』31頁）。短期決戦で勝利し、その勢いで講和に持ち込めると考える人もいた。真珠湾攻撃連合艦隊司令長官、山本五十六などもそう考えた（『昭和史1926―1945』368頁）。アメリカ軍を日本近海で待ち受けて戦うことなどはありえない。日中戦争で疲弊している。一気に奇襲で真珠湾の軍艦を潰せば勝機はあるのだ、と思い定めていた（368頁）。

南方における兵士の悲惨

一九四一（昭和一六）年一二月八日、真珠湾奇襲攻撃で大勝利した日本は、アメリカの残りの航空母艦を叩くために北太平洋にあるミッドウェー島付近に進出した。日本は驕慢から油断をして、一九四二（昭和一七）年六月五日、ミッドウェー海戦でアメリカ海軍によって激しい打撃を受け、日本の航空母艦は減少した。日本の国力では新航空母艦の造船はもう難しいのだ。アメリカ軍はパールハーバーの恨みを込めて反攻に転じてきた。

南太平洋のオーストラリアからさほど遠くない島ガダルカナルは日本防衛の最前線の一つだった。日本はアメリカ軍がここに上陸するとは考えていなかったのだ。日本海軍がアメリカと豪州の連携を断ち切るために飛行場建設をしたのを威嚇と感じたアメリカ軍によって占拠された。日本軍は奪還を目指し急遽兵隊を送るがアメリカは制空権を握り、また優秀な火器によって日本軍を圧倒し、上陸した日本軍は何度も撃退された。

アメリカ軍の火器は強力で太刀打ちできなかったのだ。さらに日本軍は白兵戦が得意なのを知っていて、十分な火器で待機し、日本軍の銃剣突撃に圧倒的な弾幕で臨んだのだ。日本軍はアメリカ軍のことはほとんど知っていなかったようだ。それは日本軍が中国やロシアを戦闘の相手と考えていたからだ。そのためアメリカ軍を過小評価していた。

いずれにしてもこの一帯の制空権を握られ、兵站（作戦に必要な物資などの移動や支援）が伸び切っていた島に重火器や食糧等の輸送は極めて困難だった。日本兵は食糧の携帯も少なく飢えにも苦しんだ。現地の日本軍は捕虜になることを否定されているので、突撃して死ぬか、ジャングルに逃げ込み、飢え死にしかなかったのだ。

支援の駆逐艦に守られた兵隊、武器、食糧を乗せた輸送船団はアメリカの戦闘飛行隊によって撃沈されほとんど到着しなかった。その悲惨さについて、アメリカ側から描く『太平洋の試練』上巻（イアン・トール、文春文庫、二〇二一年）は述べている。魚雷が一万トンの輸送船のはらわたを引き裂き、転覆沈没。浮いている将兵に機銃掃射だ（309―310頁）。それでも島を奪還すべく駆逐艦などで投入された将兵は三万二〇〇〇人で、約二万人が死亡。撤退できたのは一万人だ。火器により死んだのが五〇〇〇人で、ほかのほとんどが餓死による。

日本はなぜ日本から八〇〇〇キロメートルも離れた島を拠点としていたのだろうか。日本はアメリカが本土を直接攻撃するだろうと予測し、日本を守る最前線の拠点として、東南アジアから中部太平洋諸島トラック、マリアナ、パラオ、オーストラリアの近くのニューギニア、ガダルカナルなどに兵力を置いていた。島々を要塞化し飛行基地化したのは、ミッドウェー敗戦で主力航空母艦を失ったので島を不沈の母艦として戦いを考えたのだった。この作戦の最大のネックは兵站だ。制空・制海権をアメリカに抑えられたらお手上げだ。実際、抑えられた島々で日本兵は飢えの地獄に落とされた。

アメリカは日本攻撃に二つの方法を取った。一つはマーシャル諸島からマリアナ諸島（グアム、サイパンなど）を奪い、沖縄に至る太平洋の中央突破の攻撃と、二つ目はラバウルを攻略し、ニューギニアに侵攻、北上し、東南アジアの拠点を一個一個占拠して確実に日本攻撃に近づく方法だ（松本利秋『なぜ日本は同じ過ちを繰り返すのか』SB新書、二〇一六年、110―117頁参考）。

アメリカ軍はガダルカナル島を占拠し、次に近くの日本軍の陣地のあるニューギニアに攻め上る。ニューギニア島はオーストラリアの近くにある東西二四〇〇キロの細長い大きな島で、面積は日本の二倍あり、熱帯雨林に覆われている。

アメリカ軍の攻撃に対して退却に次ぐ退却だ。海岸線は抑えられているから、山に入り退却だ。急斜面では武器の一部を捨てる。ジャングルは伐採しながら進む。アメリカ軍に陣地を奪われるたびに、ジャングルの中を他へと転進させられるのである。転進とは他の戦闘地域への移動だ。日本に帰還させるとその地域で負けたことが国民に知られることを恐れたからだ。大本営発表は虚偽そのものだったという。多分、新聞もちょうちん持ちだったのだろう。多分事実を書けば即テロられることを恐れたのだろう。まさに日本は恐怖国家だったのだ。ニューギニアの各方面に日本軍の陣地が幾つもあったが、陣地は圧倒的な火力によって玉砕した。生き残った部隊はほぼ南へと転進して行った。

友軍のいる西に向かい転進だ。約六万人。三〇〇キロの転進だ。椰子とマングローブの密生するジャングル。とげもある。無理やり通る。巨木、倒れた巨木、ぬかるみ、猛烈な雨、空腹疲労で倒れそう。大湿地を行く（飯田進『地獄の日本兵』新潮新書、二〇〇八年、57頁）。朝から何も食べていない。異臭がする。近づけば死んだ兵隊。目と口から蛆（うじ）が湧いている。水たまりに死体が多いのは水がほしくて力尽きたのだ（82頁）。果てしなく続く湿地と密林の行軍、倒れゆく者、病人、自殺者が増え、自分で動けない者は自分で始末せよ、の命令。自決せよとのことだ。蛇、カエル、トカゲ、ばった、蛭（ひる）、カタツムリ、ムカデ、毛虫、ちょうちょ、アリ、くも、みみずなど食べた（91頁）。

太平洋戦争で亡くなった日本兵の多くは戦闘ではなく、飢えやマラリヤなどの病気によるのだ。その人数は一〇〇万人を超えているのだ。その典型がニューギニアだった。この地には一四万八〇〇〇人の兵士が投入されたが、戦後の生還者は一万三〇〇〇人にすぎない。多くは餓死と病死だっ

た。フィリピン諸島の戦線では六一万三六〇〇人の大兵力のうち生還者は一二万七〇〇〇人だ。戦闘に敗れジャングルなどに逃げ、餓死した者が多かった。

ガダルカナル島から一〇〇〇キロ北の南太平洋の真ん中にサイパン島があった。ここも最前線で強力な軍隊がいたが玉砕した。一般人もたくさんいたが自決した人が多い。ここからB29が日本に飛来するようになる。

硫黄島で生き残った兵の記録によれば三割が敵の銃弾、自殺六割、他殺一割（お前が捕虜になるなら殺す）、降伏を潔しとしないで自殺した者は多い（岩波新書編集部編『日本の近現代史をどう見るか』岩波新書、二〇一〇年、149頁）。

捕虜になることを日本軍は認めなかったから、銃弾で死ぬか、自殺か、餓死しかなかったのだ。

ダイエー創業者の中内㓛（いさお）は、戦争で一番恐ろしかったのは眠ると隣の兵士にいつ殺されるかもしれないことだと証言している。彼のいたルソン島では極度の食糧不足から食糧を奪う兵士、人肉食のために友軍を襲う兵士が横行した（151頁）。戦死より戦病死、餓死の方が多かったのがこの戦争の特徴だ（153頁）。

太平洋戦争についての本を読んでいて、鬱になってしまうのは日本兵が本当に犬死にというか、無駄死にがあまりに多いことだ。サイパンでもガダルカナルでもニューギニアでもアメリカの圧倒的火器により死んでいくが、投降できずに玉砕していくのだ。あえて死んでいくように見える。投降しようとすれば自軍に射殺される。あるいは兵糧がなく餓死していく。捕虜は恥辱であった（藤原彰『餓死した英霊たち』ちくま学芸文庫、二〇一八年、260頁）。餓死の理由は、作戦本部では作戦が優先され兵站や補給衛生は軽視されたからだ（265頁）。

日中戦争中のノモンハン事件で、捕虜になることの禁止は定着していた。戦況が不利の場合は餓死か玉砕しかなかった。戦いに万策尽きても指揮官が部下の命を守るための降伏ができず、多くの兵士の生命が失われた（260頁）。

しかし、『アジア・太平洋戦争』（吉田裕、岩波新書、二〇〇七年）を読んだ時に、なぜかほっとした。そこには捕虜になった日本兵のことが書いてあったからだ。それはサイパン島のことだが、二〇〇〇人以上の兵隊が投降したとある。投降者には将校もいた。この兵士たちの投降は例外だったのだろうか（149頁）。

サイパン島での戦いは激戦で軍は玉砕し、民間人も戦闘に巻き込まれたり、崖から投身自殺したなどで一万人ぐらい犠牲者がいたという。アメリカ軍に保護された民間人も一万人ぐらいいだ。

前出『餓死した英霊たち』の藤原は東部ニューギニアで一四万人もの兵士の大部分が戦没したことに対して大本営の無知を指摘している。ニューギニアは中央に標高五〇〇〇メートルの山脈があり、全島が熱帯性の密林で覆われ、大河と湿地が多く、地上の通行は極めて困難だ。大本営はそのようなこの島の地誌を調査せず、陸続きの大陸と考え中国戦線と同じように軍隊が行動できると考えた（60頁）。南方における兵士の多くが戦死ではなく餓死や病死した原因は、軍の上層部の無知と、作戦中心で兵士を虫けらのように思っていたからなのだろう。

沖縄の悲劇

沖縄では日本軍が沖縄の住民にひどいことをした。集団自殺を強要したり、スパイ容疑で殺したり、戦争に巻き込んで多くの住民が死んだ。

沖縄戦では島民の四人に一人が亡くなったと言われる。アメリカ軍の砲爆撃にもよるが、日本軍によって多くの沖縄の人が死に追いやられたようだ。

一九四五年四月、アメリカ軍が沖縄に上陸。一九日激戦。歩兵が爆弾かかえ戦車に突撃の肉迫攻撃で戦う。下旬攻撃

激しく、日本は多くの兵力を失う。日本兵は民間人の防空壕や墓に隠れた。沖縄の墓は山や丘を背にして石作り、中は相当広い。民間人は激しい砲弾の中を右往左往し、日本軍の陣地近くでうろうろしスパイとして殺された人もいる。

日本軍はひめゆり学徒隊、鉄血勤皇隊、防衛隊などとして非戦闘員を戦場に送り、学徒動員された戦闘員の半数は戦死、肉迫攻撃にも使われた。撤退した部隊が壕から住民を砲弾のなかに追い出し、泣く幼い子供を兵隊が絞め殺すようなことも起きた。日本軍によって食糧も不足の地に避難させられ餓死者が出たほどだ。小さい島では食糧不足で軍は徴発と統制を行い、違反者を殺した。日本軍によって住民が強制的に集団自殺に追い込まれた。沖縄戦では軍人九万四〇〇〇人、住民一五万人が死亡した。「最後のあたりは日本兵が敵だった」と住民は証言する（琉球新報社編集局編著『沖縄戦75年　戦火の記憶を追う』高文研、二〇二〇年、19頁）。日本軍は降伏も、玉砕もしないでずるずると撤退した。それは本土決戦の準備の時間稼ぎのためだった。そのため戦闘地域の周辺で暮らす多くの沖縄の人々が戦闘に巻き込まれ犠牲となった。また米兵は鬼畜と宣伝され、自害した民間人もいたのだ。

最後の方では「日本兵が敵だった」とは痛ましい。沖縄の人たちは差別されていたのだ（池宮城秀意『戦争と沖縄』岩波ジュニア新書、一九八〇年、『沖縄戦75年　戦火の記憶を追う』参考）。

特攻旅館の人々

『後列のひと　無名人の戦後史』（清武英利、文藝春秋、二〇二一年）の第二話（29頁以下）は、密かに作られた飛行場から沖縄のアメリカ艦隊に突入する若い特攻隊員たちのドキュメントだ。その中の子犬を抱いた、幼さが残る少年特攻隊員の写真が痛々しい。その若さでお国のためということで命を散らしていったのだ。

割烹旅館「飛龍荘」は戦争中特攻隊が泊まった旅館だった。この旅館の一人娘に惚れた人、板垣さんは戦後その旅館を訪ね、その旅館の仕事をする中でその娘と結婚するのだ。一九六〇年代だからもう戦争の匂いは何もないのだったが、ここでは折々に触れて特攻隊の話が出るのだった。

実は、この旅館は太平洋戦争末期に旧陸軍が借り上げて特攻隊員の宿舎となったのだった。近くの薩摩半島西岸の吹上浜には、一九四三年に急ぎ建設された万世（ばんせい）飛行場があった。戦争末期の四五年四月、陸軍の特攻振武隊が万世基地に配置された。

旅館には四〇数名が寝起きしていた。毎日一〇機から二〇機が万世基地から出撃し、沖縄の米軍艦艇へ突入していく。隊員はまだ一七歳から二〇歳そこそこの若者ばかりだ。沖縄特攻戦死者の未成年者は三割だった。それを象徴するのが冒頭で述べた一葉の写真である。一片の遺骨も残さない特攻兵や遺族にとっては離陸したところが死地であり、戦死した場所だ。板垣さんたちはそう思い、万世飛行場跡地に万世特攻平和祈念館を作り、今も万世特攻隊員たちの慰霊に尽くしている。

日本は一九四五年八月無条件降伏する。あと数か月早く降伏していたらこういった若者は死なずに済んだのにと思わずにはおられない。日本は二度と戦争をしてはならないのだ。

こういった軍国国家が滅びたのは良かったのだが、多くの日本人が無駄死にしたことは忍びないことだと思う。二度と戦争のない国でありたいし、二度と戦争のない世界を目指したいと思う。追体験だが戦争の悲惨な記憶として、小見出し「南方における兵士の悲惨」(95頁以下)の箇所が強く心に刻まれた。悲惨すぎる。

宗教者の思い

内村鑑三は当初、日清戦争を義戦とした。朝鮮の独立確保の戦いのはずが、実は朝鮮から清国の勢力を追い出すのは、日本の勢力の浸透のためだった。内村はそれに気づき、この戦争は国家の益のためだったと批判する（松本三之介『明治精神の構造』岩波現代文庫、二〇一二年、158頁）。内村の立場は、国家の行動基準は「国家の実益」ではなく真理でなければならない、と非常に毅然とした倫理観だったと思う。日本が亡国の悲運に陥らないために絶えず正義を目標とし世界人類の進歩に貢献しなくてはならない、と理想主義的だ。いずれにしても内村は結果としては日清戦争を批判するが、絶対戦争反対の平和主義者だったというわけではない（菊地）。だが日露戦争では、平和の主を仰ぐキリスト者はかつての義戦論を否定し、自らを絶対的非戦論者とする（同160頁）。

神の裁き

一九三七（昭和一二）年盧溝橋事件で本格的に日中戦争が始まる。それから三か月後に矢内原忠雄は戦争をやめるようにと「神の国」と題する講演をする（赤江達也『矢内原忠雄』岩波新書、二〇一七年、i頁）。理不尽な日中戦争を起こした日本を葬ってくださいと言う。矢内原は中国を侵略する日本に落胆し、罪の日本を断罪する。

矢内原は講演で語る。「今日は、虚偽（いつはり）の世に於て、我々のかくも愛したる日本の国の理想、或は理想を失つたる日本の葬りの席であります。私は怒ることも怒れません。泣くことも泣けません。どうぞ皆さん、若し私の申したことが御解りになつたならば、日本の理想を生かす為めに、一先ず此の国を葬つて下さい」（iv頁）。

これは一九三七年の講演だ。一九三七年といえば日中戦争を始めた年だ。一九三六年には二・二六事件で青年将校らによって大臣ら三人が殺害された。当時の日本は恐怖の軍国主義国家になっていたのだ。そういった真っただ中でこのような発言をするにはものすごい勇気がいる。当時の軍部支配の日本にあってはとても大胆な発言だ。多分当局の弾圧も右翼からの危険性も覚悟の上だったのだろう（菊地）。

これが宗教的であっても、かなりな政治的な発言だ（iv頁）。これが問題となり文部省の圧力で矢内原は大学を辞職する。その後軍部と警察から監視を受ける。彼の先生の内村も日露戦争批判でひどい攻撃を受けた。

矢内原は再臨信仰に立っていたから、ひどい戦争、ひどい世相の状況で神の国が近づき（v頁）、まもなく再臨が来て神支配の国が来るという信仰による発言なのだろう。あるいは理不尽な戦争に突入し、キリストの福音伝道の地にふさわしくない国だから葬ってくださいという思いかもしれない。

講演での「国の理想」とは正義であり、正義こそが国家を指導する。正義とは自己と他者がそれぞれの尊厳を認め合いながら共存するための原理だ（同128頁）。そういった理想の国家は神を土台にして達成できると矢内原は考えていた。「葬る」とは物騒な言葉だが、神の国の近さを意識し終末論的に神を土台にする国を考えていたのだろう。いずれにしても葬るとは、宗教的な意味で使ったにせよ、言い換えれば滅ぼす、戦争に負けるとも取れるから、右翼などはこの言葉を問題としたのだった。

矢内原にとっては日本は福音伝道の理想の国であり、神の国の到来を願い過激な発言をしたのだろう。矢内原はいい意味でナショナリストだとこの本では言っている。内村（国粋主義者だった）の弟子として国を憂うるひとりだったのだ。

矢内原は宗教的理想主義を言っているのだが当時では危険な思想だっただろう。日本はいい気になって中国を侵略したが泥沼にはまり、無謀な太平洋戦争を起こし、アメリカの猛烈な反撃を受けてガダルカナル島、ニューギニアで何十万という兵士が死に、その多くが餓死、戦病死だった。その結果が総勢二〇〇万の兵士の死であり、本土の焦土化、原子爆弾の惨事だった。

イザヤ書9章

木曜礼拝で、イザヤ書9章のみ言葉を読んだ時に、ここまでで述べた第二次大戦の戦場の惨状を思

い起こした。矢内原が日本を滅ぼしてくださいと願ったように、あの戦場の悲惨さは神の審判による
ものだろうかと心が苦しかった。

《イザヤ書9章7―20節》（神に反する北イスラエルを滅ぼす神のみ言葉）
7　主は御言葉をヤコブに対して送り
それはイスラエルにふりかかった。
8　民はだれもかれも
　　エフライム、サマリアの住民も
それを認めたが、なお誇り、驕る心に言った。
（9節、10節省略）
11　アラムは東から、ペリシテは西から
大口を開けて、イスラエルを食らった。
しかしなお、主の怒りはやまず
御手は伸ばされたままだ。
12　民は自分たちを打った方に立ち帰らず

万軍の主を求めようとしなかった。

（13―20節要約）神の裁きが北イスラエルに下る。民はその警告にもかかわらず、恐れず自分たちの神に逆らう意思を通したので、神は怒りの手を緩めない。北イスラエルは王、祭司、預言者、やもめまでも顧みられず滅ぼされていったのだ。容赦ない神の審判によってやもめすら滅ぼされてしまうのだった。

神がアッシリアを使い、北イスラエルを滅ぼしたように、あたかも神の怒りに触れたかのように、アメリカによって日本は容赦ない攻撃を受けた。無垢の人々も多く死んだ、広島、長崎でも女、子供などたくさん亡くなった。日本の理不尽な行動に対する、人の手を借りた神の激しい審判だったのだろうか。矢内原の言う通り日本は滅ぼされた。

原爆は悲惨だが、その多くの尊い犠牲で敗戦が早まり更なる犠牲者を出すことがなかったのかもしれない。前述の写真の子犬を抱いた少年特攻隊の姿が哀れだった。そういったさまざまな人々の犠牲の上に平和憲法がもたらされた。これは神の摂理だ。今後悲惨な戦争が起こらないためにこの憲法を守り、他の国々の平和のためにもこの理念を輸出しなくてはならない。

矢内原のように再臨信仰に立って伝道をしていた、ホーリネス系の教会も弾圧を受けた。再臨信仰は国体を否定する教義とされて、牧師が何人も獄に繋がれ、中には獄死した人もいたという。再臨信仰は内村も矢内原も言っているが、ホーリネスの再臨信仰は強烈であったのかもしれない。本気になってキリストが支配する国を目ざし、宣教し、その実現の近さを宣教したのだろう。それが災いし、天皇制否定と理解され弾圧されたのだろうと憶測する。

矢内原は、弾圧は受けても逮捕されなかったのは、東大教授という地位とか、社会的、政治的状況によるのではないかと感じている。

天皇、皇室については、幻に見る日本の国は、上に一天万乗（全世界を治める位、その人）の皇室があるとあり、下には万民協和の臣がある。キリスト教信仰の上に立てられた、天皇を中心とする国家――これが幻に見る光景なのである（『矢内原忠雄』168頁）。このように天皇皇室が肯定的に捉えられている。上に一天万乗の皇室があるとあるが、現実には天皇の名において多くの青年が戦場に送られ死んでいった。とても皇室を尊重することはできない。

一九四一年に太平洋戦争開戦。矢内原は戦争に批判的な姿勢を持つ（170頁）が、地上の義戦はあるとしている。ただそれは稀有だ、基本は非戦論だ、終末論的に言えば絶対非戦論だと言う（174頁）。宗教が絡むのであいまいなところもあるが、日本のアジア太平洋戦争は義戦の基準を満たしていないと批判もする（174頁）が、戦争による犠牲の死を容認、肯定し、国家の権威には従うべきであると考えた（175頁）。植民地支配、侵略、徴兵、戦場での戦闘や死といった現実を受容するように勧めている。出征する学生に、「真理を愛して死ぬる者の死が、祖国を正義に置き、永遠に救ふ力である」と大学の新聞に掲載する（176頁）。弟子が召集を受けた時、軍隊と戦場で復活と再臨の信仰を学ぶことを勧めている（175頁）。矢内原にはどの場も地上は信仰の実践の場のようだ。それは良いのだが、戦争を批判しながら戦争の現実を受容する精神は何なのだろう。

目の前の苦難は神から与えられた試練であり、それを受容することこそが信仰的な態度という考えであるようだ（176頁）。だから信仰上の弟子が戦死した時、それは戦争終了のために罪なき者が犠牲として祭壇に捧げられたのであり、真理と平和のための燔祭なのだ、と言えるのだ（178頁）。これは神の国の近さを意識する再臨信仰によるのかもしれない。神の国は近い、神からの試練を受け、神の国を実現するための捧げものなのだ、と考えたのだろう（177＋iv頁）。

勝ち目のない戦争に突き進んだことを、信仰者における神の試練というよりも、あまりな軍部の身勝手さを批判すべきだろう。インパール作戦でも死ななくてもよい命が無謀な作戦で死んでいる。理不尽な指導者の傲慢さなのだ。それを神の試練に置き換えるのは死者に対して哀れである。本当に無駄死になのだった。ただ、尊い二〇〇万人もの日本兵の死によって平和国家ができたことを、亡くなった方々への感謝としたい。

新憲法が公布されてから、矢内原は絶対的平和論を唱える。それはキリストの十字架を信ずる信仰にもとづく平和論だ（200頁）。日本国憲法の理想はキリスト教信仰にもとづく絶対的平和論を先取りするかたちで日本国民に与えられたものであった（200頁）。先取りの考えは私も同感だ。私にはイザヤ書2章の「剣を打ち直して」が絶対平和の象徴に思える。その御言葉を先取りしたのが第九条なのだ。

《イザヤ書2章4節》
主は国々の争いを裁き、多くの民を戒められる。
彼らは剣を打ち直して鋤とし
槍を打ち直して鎌とする。
国は国に向かって剣を上げず
もはや戦うことを学ばない。

日本基督教団の戦争責任

日本基督教団は総会議長鈴木正久の名において「第二次大戦下における日本基督教団の責任につい

ての告白」を発表する（一九六七年三月二六日）。

……しかるにわたくしどもは、教団の名において、あの戦争を是認し、支持し、その勝利のために祈り努めることを、内外にむかって声明いたしました。

まことにわたくしどもの祖国が罪を犯したとき、わたくしどもの教会もまたその罪におちいりました。わたくしどもは「見張り」の使命をないがしろにいたしました。心の深い痛みをもって、この罪を懺悔し、主にゆるしを願うとともに、世界の、ことにアジアの諸国、そこにある教会と兄弟姉妹、またわが国の同胞にこころからのゆるしを請う次第であります。

終戦から二〇年余を経過し、わたくしどもの愛する祖国は、今日多くの問題をはらむ世界の中にあって、ふたたび憂慮すべき方向にむかっていることを恐れます。この時点においてわたくしどもは、教団がふたたびそのあやまちをくり返すことなく、日本と世界に負っている使命を正しく果たすことができるように、主の助けと導きを祈り求めつつ、明日にむかっての決意を表明するものであります。（一部抜粋）

日本基督教団は戦争の時に道を誤り、戦争を肯定し、身の安全を守ってきた。今この時、憲法が変えられようとしているから、私たちはキリスト教信仰により、あるいはこのようなイザヤ書2章の神の言葉に依拠して、憲法が変えられることのないように、日々信仰の守りを固めなくてはなるまい。

ロシアとウクライナの戦争は本当にイザヤ書2章が世界に必要であることを実感させる。ロシアによるウクライナ人の大量殺戮を何とかできないものだろうか。私はこの無差別殺戮を日本の空襲に重ね合わせる。本来民間人を攻撃すべきでないのに、日本はB29や艦砲射撃で多くの民間人が犠牲になった。私の故郷、仙台も焼け野原になった。ウクライナへのミサイル攻撃などで破壊された建物の無残な姿を見ると、日本への米軍の無差別攻撃を思う。それはベトナム戦争の時も同じだったと思う。戦争を仕掛けた日本が悪いのだが、民間人の大量殺害はやはり国際法違反だったのだろう。

五、芸術や思想による未来

ロシアの攻撃による遺体のそばで泣いている描写の新聞を見るにつけ、その痛ましさに目を背ける。毎日死んでいる。あたかも隣で悲惨な出来事が生じているように感じるのがテレビなのだ。目の前のテレビに悲惨さが映る。もうやめてほしい。誰もが感じることだ。停戦だ。停戦だ。それ以外にない。大統領は徹底抗戦を叫ぶ。国民はそれを支持しているようだ。ロシアはどうなのだ。プーチン氏は劣勢ではやめるわけにはいかないのかもしれない。早く停戦だ。それしかないのだ。隣で人が殺されている。とても耐えられるものではない。

太平洋戦争における南方の餓死、戦病死が心に焼き付く。広島の

原爆で一瞬にして何万人も死んだ。これはやはり戦争犯罪だ。勝てば官軍でアメリカはすべて正しかったことになるが、中国の台頭でアメリカの正義は揺らぎ始めている。

今、この戦争のどさくさの中で改憲論者はチャンスと見てロシアの危険性を、台湾の有事の緊張を宣伝し、日本を守るためにという口実で九条を改正しようとしているのだ。今、改正されたらなし崩しに日本が戦前のような軍隊ありきの国になり、アメリカの尖兵として進むことは目に見えている。

戦争の記憶として南方で亡くなった二〇〇万人に上る兵士の死を無駄にしてはなるまい。軍国日本の無謀な計画でその多くが餓死や戦病死という、兵隊の命を大事にしないやり方がそのようなひどい死を招いた。広島、長崎でも一〇万人以上が死に、今でも後遺症に苦しむ人たちがいる。もう戦争はいらないのだ。そういった死者を思い起こせば九条の改正などを言う人たちはどうかしているし、とてもやれるものではないのだ。戦争のできる国になってまた死者を生み出すことはあってはならない。三〇〇万人の死者の出た戦争を思い出し、戦争のない世界、戦争をしない日本にしなくてはならないのだ。日本が唯一の被爆国として、将兵を二〇〇万人も死なせた国として平和を徹底的に希求する国でありたい。

郵 便 は が き

料金受取人払郵便

新宿北局承認

9089

差出有効期間
2024年8月31日まで
（切手不要）

169-8790

162

東京都新宿区西早稲田2丁目
3の18の41

日本キリスト教団出版局
愛読者係行

注文書

裏面に住所・氏名・電話番号をご記入の上、
日本キリスト教団出版局の書籍のご注文にお使いください。
お近くのキリスト教専門書店からお送りいたします。

ご注文の書名	ご注文冊数
	冊
	冊
	冊
	冊
	冊

ご購読ありがとうございました。今後ますますご要望にお応えする書籍を出版したいと存じますので、アンケートにご協力くださいますようお願いいたします。抽選により、クリスマスに本のプレゼントをいたします。

ご購入の本の題名

ご購入の動機　1 書店で見て　2 人にすすめられて　3 図書目録を見て
4 書評（　　　）を見て　5 広告（　　　）を見て

本書についてのご意見、ご感想、その他をお聞かせください。

ご住所　〒

お電話　（　　　）

フリガナ
お名前　（年齢）

（ご職業、所属団体、学校、教会など）

電子メールでの新刊案内を希望する方は、メールアドレスをご記入ください。

図書目録のご希望	定期刊行物の見本ご希望
有 ・ 無	信徒の友・こころの友・他（　　　）

このカードの情報は当社およびNCC加盟プロテスタント系出版社のご案内以外には使用いたしません。なお、ご案内がご不要のお客様は下記に○印をお願いいたします。

・日本キリスト教団出版局からの案内不要

・他のプロテスタント系出版社の案内不要

お買い上げ書店名

市・区・町　書店

いただいたご感想は、お名前・ご住所を除いて一部紹介させていただく場合がございます。

政治と戦争（暴力）

『戦争論』（多木浩二、岩波新書）は一九九九年が第一刷発行だからもう二〇数年前にもなり、かなり古い本なのだが、そこに展開している原理論は今戦争をしているロシア・ウクライナ戦争分析にも十分通用すると思う。戦争への、暴力への視点を深められたと思うので、この本の一部を紹介する。

この本を見つけたのは偶然だ。本箱を整頓していたら目についた。私はめったに整頓などしない人間なのに、今ひどい戦争が起きているから『戦争論』というタイトルに目が吸い寄せられたのだ。めくってみるといろいろしるしがついているから以前に読んだにちがいないが何の記憶もない。

この本の終章の結論（191―192頁）

「どんなに戦争で廃墟になっても『世界』は残るのである。人間は優れた思想、芸術、それに慎ましい日常生活というもので構成される世界をつくりつづけてきた。戦争は、暴力でそれを破壊するのだ。もし思想、芸術をつくりだす能力や、日常生活を維持していく知恵がなければ人類はとっくに滅亡しているにちがいない。現実主義者と称する人びとは、このような認識をあざわらうかもしれない。

しかし、そう思わないわれわれは、現実を知りつくすとともに政治と戦争の関係を断ち切り、『永遠平和』の理念を追い求める。われわれの日常生活、われわれの芸術や思想の営みがどれほど空論に見えたとしても、そこからしか未来の方向に向かうアクチュアルな姿勢は生まれてこないのだ」。

これは力強い自負心だ。私はガダルカナル戦や沖縄戦などを読み、紹介して戦争の悲惨さむなしさを強く感じ、また、二・二六事件では磯部浅一（この事件の主犯）の『獄中手記』を読んで、この人の国を思い農村を思う気持ちの発露が結局日本を戦争へ導いてしまったことを覚える一人として、上の引用文のような思いを持つ人に共感して、少しでもましな世界の来ることを望む。

だが、現代において政治と戦争の腐れ縁を断ち切ることはそう容易ではないだろう。

戦争は政治におけるとは異なる手段をもってする政治の継続だ、戦争は政治の道具だとクラウゼヴィッツは言う（9頁）。戦争は国家間の政治外交関係を進める上で当然ありうる。戦争を政治の延長とする考えは（10頁）戦争の合法化として、クラウゼヴィッツのこの言葉は怖いほど魅力がある。

このクラウゼヴィッツは『戦争論』で有名な人で、プロイセンの一九世紀の人物だが、この本は古典にして名著といわれ、強い影響力を今も持っている。近代国家の指導者の多くは彼と同様の考え方を持ち（10頁）、政治的決着として戦争が当たり前だという観念が普遍化し、安易に暴力に訴え戦争を起こし、政治的決着を図ろうとする。そのような意図で、特にここ近年内戦等が激化し、人が死ぬということが日常化して茶の間にまで入り込んでいる。こんなことは普通ではない。

多木はカール・シュミットを引用しクラウゼヴィッツを批判する。戦争は政治の継続ではない。政治とは誰が敵かを決定することであり、その前提で戦争は戦争独自の規則や視点を持つと言う（11頁）。つまり、戦争は戦争前に政治的決定がなされているのだということだろう。

第一次大戦前、戦争こそ国際政治の前提になっていた。戦争は現実可能性としてつねに存在する前提だ。この前提が政治的態度を生み出す（15―16頁）。これがシュミットの考えの重要点だ。極端に言えば、戦争をするという立場に立って政治的対立や駆け引きがあったというのだろう。だから戦争を避ける努力よりも、些細な対立などが戦争を誘発するのだろう。日中戦争もそうだった。あたかも戦争を待っていたかのように日本軍は行動をする。太平洋戦争も戦争は避けがたいという前提が御前会議を支配していた（15頁）。

それなりに外交交渉はしていたのだ。戦争を回避しようとする努力も選択の中にあったと思う。石油の備蓄が二年分しかなく、国力が一〇倍違う。勝つはずがない。そういった中で、ハル条項というアメリカの厳しい要求に、日本は政治的に負けてしまったのだ。そのハル条項でもまだ交渉の余地はあったと言う人もいる。多分、アメリカは戦争を前提にそのような厳しい条件を日本に提示したのだろう。軍部はこうして戦争というネズミ捕りに追い込まれたのだという。政治的解決を戦争で処理しようとしたのだ。

軍部は膨大な軍事費を予算として使っていたのでアメリカに頭を下げることは難しく、また日本人特有の面子と国民の手前、戦争しか解決の方法がないという観念に追い込まれていたのだろう。

シュミットはクラウゼヴィッツと反対の論理として、戦争が政治を条件づけていると指摘する。これが重要だと多木は言う（16頁）。これが現実だろう。

日本はアメリカとの戦争で初戦を勝って、そういった状況で交渉（政治）に持ち込もうとしたのだ。戦争が政治の条件を作り出すのだ。だが、ミッドウェー敗戦ですべてが塵芥に帰す。

ロシアもウクライナの首都、キーウがすぐ陥落するという前提で政治を組み立てるつもりが進攻に失敗し、プーチン氏は窮地にあるのだ。アメリカの日本への原爆投下もアメリカ将兵の戦死者の減少、ソ連の封じ込めという戦闘行為の政治的意図があったのだ。これは一瞬にして何万人も殺す許されない大量虐殺なのだ。政治と戦争はそういった関係にあるのだ。戦争を政治に利用するのだ。

多木は第一次大戦について、国家指導者がちょっと視点を変えれば、ほんの少し譲歩すれば戦争は避けられた。国家間が政治だけでなく、文化、経済でも接触があったのにそれが生かされなかったと言う（17頁）。

私は今回のロシア、ウクライナの戦争にも同じことが言えると思う。戦争が泥沼化し、死傷者が増え続けている今、戦争による軍事的勝利によって政治的解決をするのではなく、芸術や文学、経済などの二国間及び周辺の多くの国のさまざまな絆を通して停戦の働きが可能ではないだろうか。特にアメリカとEUの柔軟な対応が必要ではないか。政治の延長が戦争ではないのだ。政治の延長は武力ではなく政治で解決すべきだ。戦争（武力）による解決は非常な危険を伴う。ウクライナへの大量の近代兵器支援は大量の死傷者を出し、ロシアを危険な核兵器行使に追い詰める危険性があるから一刻も早く首脳国が集まり停戦交渉に臨むべきだろう。

戦争暴力があらゆる暴力の根底にある。戦争暴力は国家の法によって発現するから極限の暴力だ（35頁）。太平洋戦争で日本軍はアジアで一〇〇〇万の人々を死なせた。日本は三〇〇万の人が死んだ。戦争の暴力は恐ろしい。ロシアが核兵器をちらつかせているのは怖いが、前例を作ったのはアメリカだ。それを忘れてはならない。

平和に生きることに意味がある。そのために外交、経済、国防、生活環境を支える努力がいる。戦争は破壊者だ。戦争という賭けは勝利者にも重大な損失を意味する。地球の環境はもう戦争に耐えられない（加藤尚武『戦争倫理学』ちくま新書、二〇〇三年、206頁）。

今、その平和をきわどくしている日本がある。それは憲法九条の改悪だ。今まで見てきたように戦争は多くの人を殺す。ましてや現代の高性能の兵器は一瞬にして多数の人を殺す。現代はそういった意味でもう戦争はできない仕組みになっているのだ。日本がわざわざ憲法を改正して堂々と人殺しができる憲法を作るのは馬鹿げている。中国、北朝鮮の挑発云々は上で見てきたように戦争ありきを前提にした議論だ。政治の延長が戦争ではない。戦争の観念が政治を変えるのだ。今、日本はその時点にとどまっている。戦争が、侵略があるかもしれないから武器をたくさん持ち戦争に備える。戦争をしやすくするために憲法を変える。これでは中国や北朝鮮と同じことをしていることになる。政治は対話だ。努めてさまざまな方法で対話に行くしかないだろう。それが戦争を避ける方法だ。

主の僕(しもべ)(イザヤ書53章)

日々の茶の間に戦争が飛び込んでいる。殺し合いが目の当たりだ。もうやめにしてもらいたい。主よ立ち上がってください(イザヤ書33章10節)。賢者を立てて戦争を終結させてください。若者をこれ以上死なせないでください。

イザヤの預言は世界的展望に満ち、イスラエル、アッシリア、バビロニア、エジプトなどに対して預言をした。53章の出来事は過去ではなくて今の神の行為である。世界のさまざまな地域の戦争などで苦しんでいる人々、国々の償いのために、戦争をやめ平和を取り戻すために、神は主の僕（しもべ）を彼らの身代わりの贖いとしたのだ。

私たちの背き、咎のために主の僕は懲らしめを受け、自らを償いの供え物とした（5節）。主の民の背きのゆえに、彼は命を断たれ、彼自らを償いの捧げものとした（8節）。主の僕は多くの人が正しい者とされるために彼らの罪を自ら負った（11節）。多くの人の過ちを担い、背いた者のためにとりなしをしたのはこの人であった（12節）。

主の僕は多くの人が正しい者とされるために彼らの罪を自ら負った。主の僕はロシア、ウクライナの人が正しい者とされるために彼らの罪を自ら負った。主の僕は自ら病んで、死ぬことで、彼らの罪を背負い、両国が戦争をやめ平和になることを願っているのだ。主の僕はロシア、ウクライナの背きのゆえに命を断たれ、自らを神への償いの捧げものとしたのだ。神が病んで、両国の平和を願っているのだ。

両国もキリスト教国としてこのみ言葉、神の贖いの行為を、味わうことはできるはずだ。苦難の僕とは神ご自身のことではないだろうかと密かに感じている。

この戦争が終わるまで苦難の僕はとりなしを続ける。ロシア、ウクライナはイザヤのみ言葉を覚え一日も早い停戦をするように。

六、戦争の記憶

広島の問いかけ

『広島平和記念資料館は問いかける』（志賀賢治、岩波新書、二〇二〇年）を通し、悲惨な記憶としての広島の原爆を考察する。

かつては原爆投下の日のその時間にみな手を休め黙禱していたが、今（二〇一九年八月六日）はその日も街は喧騒に満ちている。もう広島の原爆を忘れたかのように、と志賀はいぶかる。

志賀には、今ヒロシマの記憶はその「もの」とその物語であの日を伝える広島平和記念資料館の中にしか残っていないのではないかという不安、危機意識があるようだ（vii頁）。このタイトルの「平和

記念資料館は問いかける」は「何を問いかけるのか」、それは「被爆者不在のヒロシマ」ではないかと問いかけているのだ。言いかえれば志賀は広島の原爆の悲惨が風化することを危惧している。それでこの本を書いたのだ。時代が経って被爆者は亡くなり、時間が経過して直に知る人は無くなり、戦争を知らない世代はもう無関心なのかもしれない。今は、もう被爆者不在のヒロシマなのだ。それでも広島の原爆は忘れられてはならないのだと、志賀は強調する。

私たちも関心がない。核は日常的になりすぎ、それはあってもなきがごときものという認識が普通になってしまった。この核は北朝鮮が所有すれば脅しの武器になりうる。ロシアとウクライナ戦争において核が武器として実際に使われる可能性が強くなった。それだけに今こそ核兵器の悲惨さを訴えなくてはならない時なのだと感じている（菊地）。

被爆者不在のヒロシマでわれわれは何を考えるべきか。この資料館は問いかけを必要とする資料館だ。感じる力、想像する力がいるのだ。資料館には答えはない。あるのは問いかけだ（217頁）。そういう問いかけ、原発は許されるだろうかという問いかけがこのヒロシマだと思う（菊地）。

同時に、創造的に未来を考える場だ。資料館の学習ハンドブックには「ヒロシマを知ることは未来を考えること」だとある。

私がこの問いかけに思うことは、どういう未来か。何故未来かとは、地球が生き延びるための模索だ。絶望の未来かもしれないが、平和の希求、国が戦争をしないために、人間の非道さを考える場、ほんとうに希望の未来を思索する、探していく場だ。人間の尊厳、子供、孫、子孫のために核禁止条約は日本もやらなくてはいけないと思う。だから、資料館は「フォーラムとしてのミュージアム」だ。フォーラム（ここでいろんな討論をする場所）が資料館の使命でもある（219頁）。

あってはならないような非人道的な行為が広島で行われたから、亡くなった方々の死を無駄にしないために、この場所で目いっぱい戦争の、核の悲惨さについて考え、人間とは何かを考える場にしなさい、とこの人は訴えているのだろう。

戦争が殺人という意味では、広島の原爆は本当に大量爆殺だった。原爆投下で半径二キロメートルの地域で一四万人ぐらい亡くなった。これはどう考えても人類に対する罪だと思う。これは許されないことだ。これは人間の根源にふれることだと思う。マタイによる福音書2章にヘロデがたくさんの子供を殺した記事がある。ジェノサイドだ。これは古代からあったわけだ。それをアメリカも同じようにしたわけだが、アメリカだけを批判することはできないと思う。日本も南京虐殺とか、アジアにおいて日本軍のたくさんのひどい残虐行為があった。慰安婦問題なども解決していない。アウシュヴィッツもそうだ。だから、このヒロシマは戦争とは何かを考える場所だし、本当に戦争の持つ非人間性ということをよくよく考える場所だと思う。ヒロシマの死は非人間的に殺された人々の告発だ。

私がこの本の中で印象に残ったのは、弁当箱を腹に抱えて亡くなった中学一年生のことだ。それが非人間的に殺された人の告発だと思うからだ。彼は原爆でやられ、腹の下に抱えていた黒焦げの弁当箱が残っていた。

ケロイドも大変だ。これは大江健三郎が『ヒロシマ・ノート』に書いている。そういうケロイドの顔でも堂々と演壇に立って話した被爆の方がいたと。これはすごいなあと思う。非人間的爆弾の告発だと思う。

先程の弁当を抱えた少年のお母さんはその時の事情を語る。爆心地近くの工場に動員されていた少年は、被爆し、弁当箱を抱えて白骨化して母親に発見された。

母親はメモに書き残している（56頁）。

八月六日　朝七時
米、麦、大豆の三種混合飯に
ジャガ芋千切りの油いため
こんな粗末な弁当を　あ、うれし　と
よろこんで持って出て　よう食べずに

腹の下に　抱きかかえたまま死んでいました
　　　　　ああ無惨
　　頭、顔の骨で見付け出しました

著者は被害の大きさだけではなく、犠牲者一人ひとりの苦しみ無念さ、遺族の悲しみで語り表現する。実物を通して人間の悲惨さを示すことに集約している。そしてそれを見る人には資料、遺品の声なき声を感じ取ってもらいたい。爆心地の二キロ以内は原爆投下後一〇秒で火の海となる（39頁）。黒焦げの赤ん坊を抱いた女性、皮膚をぶら下げて歩いている人の記述がある（42頁）。

原爆が広島から何を奪ったかと問いかけている（54頁）。あの瞬間まで一人ひとりの暮らしがあった。一瞬にして何万もの命を奪った非道さ、ここに今、生きていた人が死んでしまった。語ることを残せず死んでいった人たちもいる。

今の今まで生きていたのに、非道な原爆によって一瞬にして命を奪われた人の無念を慰めるためには、私たちは平和を希求していかなければならない。私はずっと太平洋戦争に関心があったから、原爆投下に至った太平洋戦争の愚かさについて調べ、原因を探求して、原爆で亡くなられた方々の無念を少しでも慰めることができるなら幸いだ。私の一番の関心は絶対に勝てない戦争をなぜしてしまったのかということに尽きる。

ロシア・ウクライナ戦争でロシアは劣勢になれば戦術核兵器を使うと暗に述べている。恐ろしいことだ。核兵器がどんなに残酷に、一気に大量殺人を犯すかを知っている日本人は、一日も早くこの戦争が終わるための停戦が実現することを願い、政府はそのために動いてもらいたいと思う。

資料館は死者の記憶の場所、慰霊の場所、死者との対話の場所だ。この場所は遺族に代わって遺品と死者の記憶を守り続ける施設にもなっている(229頁)。それを記録し、それを記念館に残していく。被爆の資料、遺品を展示し「あの日」ヒロシマで何が起きたかを伝える。そして遺族から預かった遺品などを通して死者の無念を死者に代わって語り続ける(230頁)。

遺族から預かった遺品、それは死者の生きた証。遺族の語る亡くなった方の物語を守り続けるのが資料館だ。資料館というのは「博物館」であるかどうか以前に、慰霊の場所であり「ヒロシマの死者を記憶するための施設」だ。原爆の資料を収集した「もの」を通して語らしめ、そしてその「もの」と共に記録された死者の記憶を伝え続け、「死者との対話」を、「死者の無念」を聞くこと、そういうことを可能にする場を提供し続ける(232頁)。ここはもうお寺だ(菊地)。

私が感じるのは、亡くなった方の無念の死を慰めるためには平和の希求しかなく、核廃絶もその一つだ。ただ無念の死を慰めるのには、やはりゆるしとか愛もなければ達成できないが、これは非常に難しいことだ。「無念の死」という言葉はいろいろな物語を紡ぎだす力があると思う。私にとっては戦争をもう一度見直すことが無念の死を慰めることに繋がると思っている。もう一度第二次世界大戦を見直さなくてはいけない。それが、広島の原爆とどういう繋がりがあるか考えなくてはいけないと思っている。あとは、無念の死ということから紡ぎだされるのは、人間の知恵が両刃の剣ということだ。コロナのワクチンを頑張って作る力がある一方で人殺しの爆弾を平気でつくる。いいかえれば人間であることとの反省だと思う。

原爆で亡くなられた人々は日本人のすべての人を背負って死んでいったと思う。あそこに二つ落ちたから、やっと、戦争をする人たちは戦争をやめようと思ったわけだ。それまではやるつもりでいたのだ。半藤さんは『日本で一番長い日』で述べているが、玉音放送する時にクーデターの動きがあった。東條の娘婿も主犯の一人だった。本当に本土決戦するつもりの人たちがいたわけだ。私たちは常にヒロシマのことを覚えなくてはいけないことを、この本は問いかけてくれた。宗教としてこれを考えると、人間の罪はとても重いかもしれない。聖書の原罪に遡らなくてはならないのかもしれない。人間はなかなか大変な生き物だと思う。

敗戦と民主主義

一九四五年、敗戦によってＧＨＱ（連合国軍最高司令部）の指令により上からの民主化が図られる。婦人解放、労働組合の奨励、学校の民主化、経済の民主化、司法制度の民主化、国家神道の廃止、一九四六年には軍国主義イデオロギーの排除のために天皇の人間宣言が行われる。

ＧＨＱでこの政策を一生懸命やったのはニューディーラーという民生局の職員の人たちだ。このニューディーラーとはルーズベルト大統領のニューディール政策に関わった人たちのことを呼び、彼らは世界恐慌を突破するために大胆な政策をした。またルーズベルト大統領は第二次大戦の時の大統領だ。この人たちは社会主義的な傾向があったそうで、平等とか土地改革とか、非常に民衆側に立った政策をした人たちだ。その人たちによってこの憲法がほとんどできたと言われている。

戦争放棄の平和主義のことで、首相の幣原喜重郎が、「戦争放棄を誇りに思う。みんな他の国も戦争の惨禍に目を覚まし、この平和な国に将来続くだろう」と期待する挨拶をしている（参考、山本昭宏『戦後民主主義』中公新書、二〇二一年、28頁）。

これはすごいことだ、結局のところこの戦争放棄の平和主義はまばゆい光を放っていたと思う。なぜかというと戦争で兵士と民間人で三〇〇万の人が亡くなっている。国民も自由がなかった、何か言えば弾圧された、天皇は神様だった、それが一気に戦争放棄の平和だから、これはまばゆいばかりだったのだ。そういうことが今忘れられているから、今このことをふり返って、非戦とか平和とか戦争放棄を、私たちのものにしなくてはならないと感じる。

ＧＨＱにとっては、戦争放棄条項は天皇を軍事裁判から救済するために、連合国代表の極東委員会対日理事会に対して必要だったのだ。放棄によって天皇制存続が日本の軍国主義の再現に繋がる不安を払拭した。こうした国際的緊張の中で「象徴天皇制」と「戦争放棄条項」が基本的な憲法改正だった（加藤典洋『９条入門』創元社、二〇一九年、163頁以下参照）。こういった歴史的背景において戦争放棄事項があるのは極めて重たい事実だ。

戦後民主主義とは日本国憲法に基づく主権在民の民主主義、主権在民だが、実際には国民全体で決められないから代議制で決める議会制民主主義をとっている。そのことを憲法前文で「国民の代表者がこれを行使し、その福利は国民がこれを享受する」と記している。それから九条の戦争放棄の平和主義。戦争放棄はすごいことだと思う。また十四条で法の下の平等の民主主義。法の下ではすべて国民は平等である。このように戦後民主主義をまとめている（山本昭宏『戦後民主主義』iii頁参照）。「戦後民主主義は日本国憲法を基幹とする巨大な概念である」（277頁）と山本は言う。

ところが山本は戦後民主主義の行方を心配している（278頁以下）。第一に平和主義は力を失う（集団的自衛権などが理由）。第二に直接的民主主義への志向がある。三番目として平等主義があるが、山本は平等主義は幻想だと考え、平和主義は力をなくしたと言う。私にはこの三つの要約が憲法の基本だと思う。これらをしっかりと実現するのが現代の課題ではないだろうか。

そのことについて山口二郎は歴史の忘却によって戦後憲法に対する批判があると言う。敗戦から長い時間が経ち、戦争の記憶を持つ人が少なくなったことにより、日本が無謀な戦争でアジアに多大な被害を与え、アメリカによって大きな犠牲を強いられたという事実が希薄になり、平和国家であることの必要性がもはや自明でなくなる。また北朝鮮や軍拡の中国に対して日本が軍事面で謙抑的姿勢を続けていることに不満が多くなる。このことが憲法問題の争点化を支える。戦争記憶の希薄化が憲法体制の基盤を弱くしている（『民主主義は終わるか』岩波新書、二〇一九年、193頁参照）。

日本がアジアに多くの被害をもたらし、日本も多くの人命を失って得た平和主義国家として、ここまでたくさん述べてきたように戦前のことを忘れない国として立つことが必要だ。そのためには九条を盾としなくてはなるまい。九条を振りかざす日本が戦争をしない国であり、努めて紛争、内戦、戦争をしている国に対して和平を説得する国でありたいと思う。アメリカの御用聞きではなく、国連を中心に話し合いをやるべきと思う。憲法が改正されないように絶対に三分の一は議会で護憲派が死守し、この立派な戦争放棄の九条は守らなくてはならないと思う。それに憲法改正ということになればあちこち直されるから、非常に危険だと思う。ただ政治的現実は、北朝鮮の弾道ミサイルや中国の膨張政策、ロシア・ウクライナ戦争が国民の気持ちを右傾化させてしまい、参議院の三分の二を改憲派が占めることになったのだ。でも九条は守らなくてはならない。

平等主義のことについては、現代は戦後民主主義の恩恵を感じられない人が多い。日本は経済が落ち目であり格差社会で、非正規社員が四〇パーセントだ。ここにはもう平等も平和もなく、ただ食べなくてはいけないというのが非正規社員の現実だろう。

私が思ったのは、民主主義で資本主義の暴走を抑えることができないだろうかということだ。戦後民主主義で資本主義を批判していかなければならないと思う。今の資本主義社会は能力主義だ。言い換えれば市場中心の社会だ。労働市場では強い者、能力のある者が良い生活を保障され、そうでない人は最悪非正規労働者になってしまう。ところが憲法では法の下の平等を述べているから、一人一人がましな生活をする権利がある。そういう意味では議会制民主主義の国会を通して、野党を応援して短期労働者の権利を守らねばならないと思う。

それから、平等はまず生活の最低の平等だ。だから福祉国家を目指すとか、そういう風にして低所得の人々を支えていく。それが憲法の法の下の平等だと思う。

結論は、憲法が言っている三つのこと、主権在民、戦争放棄の平和主義、法の下の平等の民主主義は変えてはならないのだ。この民主主義で資本主義の暴走を止めていく。それが可能ではないか、またそうしなくてはいけない。それがこの憲法の力ではないのか。やはりこの憲法を守っていかなくてはならない。

その能力の分かち合い、つまり強い者も弱い者も共に生きる生き方として、イザヤ書11章6節があると思う。これが理想的生き方だ。

「狼は小羊と共に宿り、豹は子山羊と共に伏す」とある。

強いものも弱い者も共に宿り、共に伏す生き方が、主の聖なる山においては行われているのだ。

「共に宿り、伏す」とは、共に生きることだ。聖なる山ではそうなのだ。地上では殺し合い、強い者が勝ちすぎのグローバル社会だ。能力のある者が良いのだ、正しいのだ、たくさん取っていいのだ。聖なる山ではそうではないのだ。神はそのような社会を望んでおられるのだ。

その民主主義はイザヤ書11章の心ではないか。イザヤ書11章を世俗化すれば、民主主義下の平等に行きつくのではないか。キリストを信じる者としてイザヤ書の11章やマタイによる福音書25章31節以下の思いが少しでも社会に浸透することを願ってやまない。

七、九条を通して平和を考える

『9条の戦後史』（ちくま新書、二〇二一年）で著者、加藤典洋は、護憲派ではなく改憲派であるが独自の九条論を展開している。護憲、改憲について幅広く言及しているので、この本を紹介して日本の護憲、改憲についての考え方を見ていこうと思う。

以下要約して紹介する。

押しつけ

一九五一年サンフランシスコ平和条約と日米安全保障条約が締結され、日本が独立する。世界に復帰して九条の扱いに関心が集まり、吉田茂は九条を経済中心等の防波堤にする。九条はアメリカからの再軍備要請や国内からの戦前復帰の要求に抗する防波堤となったのだ（25頁）。保守党は再軍備、憲法改正、対米自立、自主外交を選挙の公約にして一九五五年の選挙に臨む。野党は三分の一の議席を獲得して護憲の壁になる。これを五五年体制と言う（60―62頁）。

憲法押しつけ論は根強い。権力をもってGHQが押しつけたのは不当だ、天皇の身の安全のために戦争放棄条項を強制した、押しつけられて過去の美風が否定された、と保守的な人は言う。

加藤も、九条は建前としてあっても、一九五〇年からは警察予備隊と共存、五二年からは米軍基地と共存する専守防衛条項に、九四年には社会党の下でも日米安保条約と共存、二〇一四年には米軍の指揮のもとに集団的自衛権の行使ができるという解釈改憲が行われてきた。この転変を見れば形を変えて今日まで日本にはさまざまな安全保障政策が押しつけられてきている、と言う（100―107頁）。

護憲論

護憲連合の宣言（一九五四年）

過去の独裁政治が無謀な戦争を起こし国家を絶望の淵に陥れた。絶大な犠牲で得た平和憲法を尊重し戦争を放棄したことを誇り再軍備に反対する。加藤はこの提案をいろいろ批判するが省く（137頁）。

丸山眞男の護憲論（148―149頁）

六〇年を境に改憲反対が多くなる。その理由を加藤は丸山眞男の書から引く。あの時の革命は上からの革命だった。占領軍からの押しつけで日本国憲法ができ、民主化された。押しつけは支配層に対してだ。種々の民主化政策が下に浸透した。その最高の表現が日本国憲法だ。ところが、朝鮮戦争後アメリカの政策は180度転換、反共政策だ。レッド・パージが解除され戦前的勢力の考え方が政界財界等で復活し、戦後の民主主義はゆるすぎると日本国憲法を敵視してきた。

丸山眞男の九条についての護憲論（153―154頁）

原水爆兵器の出現は、戦争の破壊性を巨大なものとし、戦争は地上における最大の悪になった。原子力戦争は最も現実的たらんとすれば理想主義たらざるを得ない。

ここで丸山が言いたいのは、破壊が巨大すぎて、戦争の手段としてはむずかしく、原爆戦争に直面すればいかにして戦争を避けるかという理想主義に行きつくのだ。原爆は、戦争しようとすると逆に戦争を抑制するようにはたらかざるを得なくなるのだ。もしそういう戦争が起きれば、大都市が互いに破壊され、大量の死者が出ることになるから、何とか戦争を避けて解決を図るという理想主義にならざるを得ないのだ（菊地）。

日本国憲法の交戦権放棄こそはそのような現代戦争の現実的認識に即した態度だ、と丸山の論を加藤は説明している。

だが、科学が進んだ現在、今回のロシア・ウクライナ戦争では戦術核兵器が使われる可能性があり心配だ。それがいくら小規模と言っても熱線と放射線によって半径四〇〇メーターの人々を死傷させる威力があるという。その外側の人々を後遺症で何十年も苦しめるから、これが使われない手だてを考えなくてはならない。それには停戦しかないのだ。現在二〇二二年からの長引く戦争に非常に危険性を感じている（菊地）。

改憲論が保守派に生まれたきっかけは米国の再軍備の要求だ。これは他律的要求だ。加藤は自律的な改憲論もあったが保守合同以来他律的改憲論が保守派の考えのようだとする（162頁）。政府は解釈改憲で九条と自衛隊、在日アメリカ軍を合法とする（一九六四年）（168―169頁）。丸山はそういった解釈改憲を批判し、九条は目標実現の能力だけでなく、実現へ
の能力もあり、その理想に達していない今の現実へのプレッシャーになると言う（169頁）。

永久平和のための目標として、キリスト者はこの目標を持つべきだろう。また九条は丸山が言うように戦争への、安保体制への強烈なプレッシャーの意味を持つだろう（菊地）。

憲法前文の意味、目的

憲法前文の一部「日本国民は……平和を愛する諸国民の公正と信義に信頼して、われらの安全と生存を保持しようと決意した」(172頁)。

「諸国民の公正と信義に信頼」とは、国連の集団安全保障体制のことで、そこを信頼し依拠して安全と生存を保持すると考え交戦権を放棄した、そして、憲法前文と九条は国際社会への平和主義的メッセージだ、というのが加藤の考えだ。

過去においてアジアを侵略し、一〇〇〇万人もアジア人を死に至らしめ、自国民を二〇〇万人から三〇〇万人死に至らしめた反省として、日本国憲法は国際社会との信頼関係の中で、世界平和のために貢献していこうということだ。この前文からいきなり国連は出てこないが国連の力に信頼することは良いことである。現実は常任理事国の拒否権が大問題だ。重要な案件が葬り去られるのだ。

現在の中国の膨張主義にどう対応するか、日本はアメリカべったりではなく、ＡＳＥＡＮなどの組織もあるし、アジアにアジア人の中立的な連合を作りアジアの平和と安定を考えるのが一番だ。またそれが前文の趣旨だし、九条の趣旨ではないか(菊地)。

先鋭的護憲論者による平和基本法

憲法九条と自衛隊、日米安保条約の間の矛盾乖離の回復のために九条の下位法を作る。下位法では自衛隊を最小限防御力として憲法に着地させる。この立場は自衛隊解体ではなく、憲法は自衛権を持つのである。安保体制は解消する（351―352頁）。

自民党の改憲案（二〇〇五年）

九条　国権の発動たる戦争と、武力による威嚇又は武力の行使は、国際紛争を解決する手段としては、永久にこれを放棄する（一部省略）

二項は「前項の目的を達するため、陸海空軍その他の戦力は、これを保持しない。国の交戦権は、これを認めない」とあるが、自民党改憲草案ではこの九条二項を削除する。

かわりに九条の二で自衛軍を新設。九条の二第三項で、「自衛軍は、第一項の規定による任務を遂行するための活動のほか、法律の定めるところにより、国際社会の平和と安全を確保するために国際的に協調して行われる活動及び緊急事態における公の秩序を維持し、又は国民の生命若しくは自由を守るための活動を行うことができる」、となっている。

対米従属の深化と国民の義務が強調されている、と加藤は言う（374―376頁）。

安倍晋三氏の改憲草案

九条に第三項を設け、自衛隊を明文で残す、という案だ。具体的な記述はないが、加藤は参考に他の人の試案を示している。「前二項の規定は、第三国の武力攻撃に対する日本国の自衛権の行使とそのための戦力の保持を妨げるものではない」（398頁）。

第三項として「自衛隊はこの戦力に含まれない」。「必要な自衛の措置をとることを妨げず」などの案が自民党では現在検討されている。

九条の会

護憲の論理は一九六〇年の丸山眞男の時期からほとんど変わっていない。九条と平和主義が大切。現代の核時代においては平和主義が安全保障の基底だ。戦争体験で得た平和主義が、アジア諸国への侵略の反省の約束だ（423―424頁）。

護憲の九条の会設立のアッピール（二〇〇四年）

アッピールは一言で言えば、アメリカの要求で九条改正の動きが強い、だが、九条を外交の基本にするのが大切だ、自主外交だ、そのために改憲を防止しなくてはならない、というのだ（418―419頁）。九条の会の呼びかけ人たちの言葉を簡単に紹介する。

戦争放棄は人類の叡智が集約されている。戦争を体験してこれだけは嫌だ。九条を変えて軍事国家になることを防止、九条には世界平和宣言の意味がある。現在の改憲派の狙いは九条改正だ。時代が暗くなっているから九条を守る。国民統合の象徴が九条だ。アメリカの民主主義と日本の平和主義の融合が日本の戦後の原点だ。軍隊を持とうとしている国の歯止めが九条だ。戦争の悲惨を知っている自分が九条の非戦の決意を若い人に知ってもらいたい。軍隊を持つことへの歯止めとしての九条なのだ（419―420頁）。

アメリカ国体論

坂元一哉は日米同盟が重要だとする。同盟は互いに協力するものだ。日米の相互協力に頼るのだ。お互いに頼り合うのだというのだ。加藤はこの人の考えに批判的だが、二〇二一年では、この同盟が重く日本にのしかかっている。それは中国の力強いアメリカへの圧力だ。中国が台湾を攻撃し、アメリカが応戦すれば集団的自衛権の制約で日本も戦闘に加わる可能性がある。だから坂元の考えは現時点において非常に現実味を帯びている。まさに安保条約は同盟なのだ。アメリカの戦闘に日本は協力するのだ。

坂元だけでなく、日本の保守的な人たちに日米安保一辺倒の考えが浸透している、と加藤はいう。戦後の国体はアメリカだと指摘するのは反米護憲論者、白井聡だ。アメリカが天皇に代わる国体としてあるのだ（460―466頁）。

二〇二二年現在、中国の海警法でアジアの海をわがものにしようとする中国が活動を活発化している現状において、日本の行く末を心配する人たちが多く、アメリカの傘に頼ろうとするのは自然かもしれない（菊地）。

篠田英朗（466頁）の考え

戦後日本の国家体制は九条の平和主義を基盤とし、日米同盟によって国家の安全を図っている。国家体制において表が憲法、裏が日米安保だ（472頁）。だがその関係は不安定だ。それは平和主義の九条なのに日米同盟という不整合を抱えているからだ（476頁）。防衛と保護を日本はゆくゆくは国連警察軍に委ね、自国としての戦力は保持しないという構想がマッカーサーの考えだったという（474頁）。篠田も戦力不保持の憲法において戦力は国連警察軍に委ねて、そこで日本を守ることを考えている（菊地）。

アメリカの国策が変わり、国家体制は憲法九条と日米同盟で守られているが、在日米軍は極東戦略の重要拠点と、日本が軍事大国になるのを防ぐという二重の意味がある。九条と安保を二本柱とする国家体制は、アジアの国際秩序と繋がり安定している（480―482頁）。

著者、加藤典洋の考え

自衛隊再編、日米安保からの脱却、国連中心主義の強化が加藤の考えだ（515頁）。

日米安保の解消、対案は国連だ。国の安全は国連と連帯してする（526頁）。

憲法九条は以下のように改正する。

九条、武力行使の放棄。二項、自衛隊は国連待機軍へ再編、交戦権の否定。三項、国土防衛隊をもうける。日常は災害支援。四項、核兵器を作らず、持たず、持ち込ませず、使用しない。五項、在日外国軍の基地の撤去（517―518頁）、とする。

加藤は国連中心に九条を考えている。問題は自衛隊を国連軍にすることが可能かどうかだ。国土防衛隊を設けるから実質的には九条は否定されることになるだろう。

加藤は改憲論者だが日本の軍隊がお荷物のようだ。加藤は九条の交戦権の否定の条項を交戦権の国連への移譲と読みかえ、日本が国連の強化に協力していくべきであると考えている。

九条の今（「ピース9」No.69を参考）

現在自民党がベースにしているのは「改憲四項目」である。その中で重要なのは二つあり、「九条への自衛隊明記」、「緊急事態条項の創設」だ。

自衛権と自衛隊を九条に書き込めば、戦争放棄、戦力不保持、交戦権否定を規定する一項と二項は効力を失う。自衛隊は武器を持ち、戦地、紛争地で活動できる軍隊になる。

九条に自衛権等を挿入することで、九条の戦争放棄、交戦権放棄の規定を無効化する狙いがはっきりしている（菊地）。

緊急事態条項の創設案

この条項は戦争や災害といった非常事態に憲法のない状態を一時的に作り出すもの。内閣に権限を集中させ、人権制限を可能にする。

これによって内閣は、国会の民主的なコントロールも裁判所による司法統制も、受けないことになる。もし「緊急事態」を口実に国家権力が乱用されたら、私たちの自由と権利が脅かされる。

日本の贖罪

アメリカが、あまりにひどかった軍国主義の国家の牙を抜くために軍隊のない、交戦権のない国にしようと、九条を押しつけたのだろう。だが、それはとても良い押しつけだったのだ。なぜならこれは一種の贖罪なのだ。日本がアジア諸国にもたらした罪に対する贖いなのだ。もう武器は持ちません。あなたがたを一〇〇〇万人も殺した日本人としてその罪を贖うために戦争を放棄し交戦権を放棄したのだ。日本は平和国家としてアジアの安定と平和のためにさまざまな方法によって貢献しなくてはならない。

九条はしっかり堅持し、現実には専守防衛としての軍隊があるが、専守防衛に徹することを堅持しなくてはならない。集団的自衛権は最も危険な条約だ。いま中国の海洋進出の動きは一触即発の危険性を持つ。日本が出しゃばってアメリカのお先棒を担ぐ必要はない。集団的自衛権は違憲なのだから日本が台湾の武力衝突に尖兵として出兵するのは危険だ。さらに尖閣諸島にしても、日本はアメリカを頼るのではなくて自主外交として中国と堂々と渡り合い外交的努力でしっかり解決していくことが肝要だ。

現実として、解釈改憲で、軍隊があるし、専守防衛だが、集団的自衛権もあるから、わざわざ改憲をする必要はないのだ。丸山眞男はそういった解釈改憲を批判し、九条は目標実現と、実現への能力もあり、それは今の現実へのプレッシャーとなるという。その思いで憲法を守ることが必要だ。

九条の歯止めを取ると、軍国主義国家になる可能性が将来ありうるのだ。日本は先に見てきたようにそういった負の遺産を背負って今日に至ったのだ。日本がロシアとの戦争のために軍隊が増強され巨大になり、その結果軍部の発言力が強力になり文民内閣は潰されてしまったのだ。

現在シビリアンコントロールと言っても、過去のそういった歴史を踏まえると日本の軍隊の動向はあまり当てにできるものではない。旧軍隊の足跡は消せないし、靖国神社も健在だ、国会は保守党支配だ。そういった状況にある日本で、改憲されたら将来に禍根を残すことになるから、改憲は絶対に防止すべきものだろう。日本は「打ち直した鋤を再び剣」とする愚かさはやめるべきだ。

イザヤは血みどろの凄惨な戦いを描き出し、戦争の絶えないイスラエルにあって「世界の平和」を叫ぶ。イザヤ書2章4節は世界平和を先取りし、そのような世界を預言しているのだ。

《イザヤ書2章4節》
主は国々の争いを裁き、多くの民を戒められる。
彼らは剣を打ち直して鋤とし
槍を打ち直して鎌とする。
国は国に向かって剣を上げず
もはや戦うことを学ばない。

このような世界の来ることを願ってやまない。

九条の精神　後世の世界へ

「九条の精神　後世の世界へ」（朝日新聞二〇二一年一〇月一二日朝刊）という見出しで児童文学作家の高木敏子さんは語る。

――一九四五年三月一〇日の大空襲で母と二人の妹が焼き殺された。八月五日、駅の待合室で私と汽車を待っていた父が機銃掃射で殺された。戦争孤児となった私の戦争体験を描いたのが「ガラスの語だ。

うさぎ」だ。お父さんがガラスの江戸切子の職人でうさぎの置物が床の間にあった。それに繋がる物

八月一五日の玉音放送に怒りがこみ上げてきた、もう少し早く戦争が終われば家族は死なずにすんだからだ、と語る。

「敗戦から2年後に施行された日本国憲法。その第9条が、私には輝く太陽のように思えました。多くの人たちの命と引き換えに、日本は永久に戦争をしない国になった。この精神を後世に伝えなければなりません」。

「しかし、6年前の『安保法制』で自衛隊法などが改正されるなど、平和憲法が守ってきたものが、崩れていく恐ろしさを感じ、日本が自ら戦争に近づいているように思います」。

最後に「戦争を起こさせないことを、日本から世界の人たちに、体験とともに伝えていきましょう」と語る。

八、防衛費のことで驚いた

専守防衛の転換（反撃能力の保有）

「防衛費増、広く国民が負担を」の見出しで、国民が広く防衛費を負担することが必要という考えが新聞に載っていた（日本経済新聞二〇二二年一一月七日朝刊第四九〇七五号、14面）。

日本を取り巻く安全保障環境が大きく変化しているので、岸田首相は日米会談で防衛力の強化のための予算増額の意向を示した。諸国の国防予算が国内総生産の二パーセントだ。それを目標にしていくという。

論者は、軍事力の増強が国民の安全を保障するわけではないと言っているが、財源については効果的な防衛力の在り方を検討し、国民が国家の在り方について考える議論に繋げる必要があるという。財源と言っているから、国民の財源負担について、国を守るために税負担が欠かせないと言って国民を巻き込み、国防意識を植え付けたいようだ。

国民はほとんど国防については無関心だ。それは日本が軍隊を持たない、戦争をしない国だと思っているからだ。日本の軍隊がどこにあるかなどはよくわかっていないのではないか。せいぜい災害支援の役割が自衛隊だと認識しているのだ。自衛隊にしても目立たないように行動しているのではないか。

増額の財源は歳出削減、増税、国債発行の方法がある。近代国家の戦費調達は広く国民が負担すべきとされてきた。それは、防衛という公共サービスによって個人、企業が安心、安全に生活活動ができるからだという。なんとも生臭い、戦時体制的雰囲気だ。そこまで踏み込んで議論する時が来ているのだろうか（菊地）。

防衛費の増加分は安心、安全を享受する幅広い主体が負担するのが望ましい、負担は会費のようなものだと論者は言う。非常に角の立たないように、会費などと言っている。要するに軍事費の負担なのだ。戦前の日本に近づいていると感じる。鉄砲の弾を負担するのだ。国民が自国を守るためにその費用を負担するのは、財政の問題ではなくモラルの問題だと言う。日米会議の議題だから、これは大きな政治問題であり、大きな軍事問題なのに、個人の心情を問うようなモラルの問題だとはお門違いだ。

地政学的に日本が極東にあり、日米同盟によってアメリカ防衛の最前線にいるのだ。中国、北朝鮮との緊張が増している状況のゆえに、アメリカによって日本の防衛費の負担増が要求されているのだろう。それをモラルの問題でだまそうなんて笑ってしまう。まず日本は、この緊張に巻き込まれないように極力努力することが必要ではないか。

震災復興特別会計で私たちは震災復興の財政を所得税に上乗せして負担しているが、この人はそのような方法で、所得税、法人税、たばこなどの個別物品税などの税目での対応が妥当だろうと言う。要するにそれらの税目に上乗せして徴収するなどの方法なのだろう。

これは極めて生臭い話だ。モラルの話から防衛費つまり軍事費を安易に徴収する方法を示している。国民が回避できない方法で徴収しようと考えているのだ。法人税増税とか、復興特別所得税の枠組みを使ってとか、防衛費増額の方法はいろいろあるだろうが、最大の問題は日本が専守防衛だけではなくなるということだ。わざわざ敵を作っていることが問題なのだ。いざという時にはミサイル等で攻撃をするということなのだ。要するに、戦争をすることなのだ。これが問題だ。

防衛費を二パーセントにして、反撃用の長距離ミサイルなどの装備を充実させる。相手が攻撃の意志を見せたら攻撃するということで、専守防衛からの転換だ。これは戦争をするという意味だ。反撃をしても全部の攻撃能力を破壊することは不可能だから、ここで戦争になるのだ。戦前に回帰だ。いよいよ日本は戦争のできる国となったのだ。これは強烈に中国や北朝鮮を刺激することになった。いたずらにそういった刺激を与えるのは良くない。日本は戦争をしない国として平和憲法を守らなくてはならない。

中国は日本の反撃能力保有に、アジア太平洋地域の平和と安定を深刻に脅かすと懸念を表明した（日本経済新聞二〇二二年一二月三日朝刊）。中国と事を構えるのは不可能だ。あまりにも強大な軍事国家だからだ。日本は平和憲法の下で平和の堅持が大切だ。台湾問題では話し合い解決を斡旋しなくてはならない。日本は平和であることが生き残る術だ。

だが、最近の新聞（二〇二二年一一月や一二月）を読んで感じるのは、戦争に向かって身構える国になりつつあるという雰囲気で、皮膚がびりびりする。

戦死率八割

その時私の記憶が八十年ほどタイムスリップし、脳裏に浮かんだのは予科練の「若鷲の歌」だ。

「若い血潮の予科練のー
七つボータンは桜にいーかーりー
今日もとぶとーぶー
霞がうーらーにゃあ」

小学校の時、多分一九四八年頃、戦争の歌とも知らず口ずさんだのだ。今この新聞を見ていて日本が八十年時が逆戻りしていくのを感じる。よほど前だが、予科練の事故死者の小さな碑がちょこんと茨城農業大学のわきにあったのを記憶している。十年前ぐらいに霞ヶ浦湖畔に予科練を紹介する平和記念館ができた。自衛隊が社会的に認知されたとして、見えるものを作ったのだと思う。

予科練のことをもっと知るために本を買った。

『戦死率八割――予科練の戦争』（久山忍、光人社NF文庫、二〇二二年）だ。書名がすごい。八割の予科練出身者の搭乗兵が死亡したのだ。飛行機乗りは空中戦だから生きるか死ぬかしかないから厳しい。しかも戦争末期にはアメリカの圧倒的に優秀な戦闘機に撃墜され多くの搭乗兵が死に、また特攻隊としても多くの予科練出身者が出撃し死亡した。

予科練とは飛行予科練習生の事で、優れたパイロットを量産するために作られた制度だ。戦争に参加した予科練卒業者二万四〇〇〇人のうち一万九〇〇〇人が戦死している。予科練は本科に進む予備教育だ。飛行機には乗らない、座学、教練、武道、スポーツ等で心身を鍛える。海軍パイロットになるための基礎を作る事前研修制度だ。その後本科の飛練などの訓練を受ける。

一九四三（昭和一八）年にはパイロット不足で、全国の中学生を集め予科練から飛練教育までを短期間で行った（14頁）。戦局末期には特攻兵器要員にも狩り出された。

戦争末期、一六歳で予科練に入り飛練までやっつけ仕事のような教育で離陸と着陸が何とかできるようになると特攻に組み込まれた（21頁）。私が見た特攻隊の写真（本書103頁参照）はそのような幼さが残る若者の記念写真だった。今の高校二年生ぐらいで特攻に組み込まれたのだ（11頁）。完全に負ける戦争なのに本土上陸を少しでも遅らせるために沖縄に侵攻したアメリカの無数の戦艦に体当たりの自爆攻撃をしたのだ。これらは単に戦争終結を遅らせるためだけの無謀な戦いだったのだ。アメリカは広島長崎に原爆を投下することによって日本の息の根を止めた。

最初横須賀に予科練があったが霞ヶ浦に移転した。現在、霞ヶ浦には自衛隊の駐屯地や武器学校もある。

甲飛14期、海軍2等飛行兵曹、戸張礼記さんの手記（259—309頁）から以下簡単に要約する。

戸張さんはアメリカ軍の爆撃により予科練教育が中止となり、土浦海軍航空隊を離れ下北の大湊海兵団に転隊、石持納屋の海浜に上陸してくる敵戦車迎撃爆破の対戦車攻撃の訓練をさせられた。言っていることはすごいが、内容には笑ってしまう。戦車用の武器は皆無なのだ。今のロシアの軍隊のようなのかもしれない。何で戦うのか。手榴弾と棒地雷などだ。それらを抱えてたこつぼから飛び出し戦車に体ごとぶつかる肉弾攻撃だ（278—291頁）。ガダルカナルなどでも銃剣で突撃、死んでいった日本軍だが、どこに行っても同じパターンなのだ。強力な武器もなく、肉体を武器として戦いを強いられていたのだ（菊地）。

昭和二〇年八月一五日、朝から対戦車訓練中、緊急総員集合がなされた。ついに出撃か、いよいよ死ぬ時がきたかと覚悟。だが、それは玉音放送だった。戦争が終わったのだ。終戦は死からの解放だった。外面は悔し涙を流しながら、内面では戦争が終わったことを喜び、ほくそ笑んだ（294—297頁）。

これは正直な気持ちだ。誰もが死にたくはないのだ。予科練出身者の八割が戦死したが、みな本当は死にたくはなかったのだ。その状況に置かれていたので多くの戦友と共に死へと押し流されて行ったのだろう（菊地）。

《特攻隊員の遺書》

母上様
いよいよ出撃します
死すとも魂なお留めて皇国に尽くします
この壮挙に参加できて嬉しいです
妹よ
兄は勇んで死んでゆく（遺書の一部）
——神風特別攻撃隊神雷部隊　一九歳（302頁）

先輩たちの真意が切々と書かれている遺書が特攻隊員の心情だ。肉親を思い祖国を守るため一命を捧げる。俺は先に死ぬから家族の住む日本を守って、戦争に勝って日本に平和をもたらしてほしいと願っているのだ。戦時中敵に勝てば豊かな平和な日本になると信じ、戦うことが平和を護ることだった。これが八十年前までの日本人の持っていた平和の理念だ。

戦後における平和を護るとはどういうことか。戦争をやめて、みんなで和やかに生命を守りながら生きることだ。戦争は最大の人災だ。戦争をやめなくては未来はない。予科練生の八〇パーセントが戦死した。特攻で亡くなった先輩たちは笑って出撃した。本音は生きたかったのだ。愛する人たちの平和を護るために散って逝った。私たちはおびただしい戦死者のうえに立って平和と繁栄を築いたと言える。今を生きる私たちは無数の死によって生かされていると思う。戦争ほど愚かな行為はない。人間には偉大なる科学や文学、芸術を生み出す頭脳がある。そのような頭脳でいかなる問題が生じても平和解決を見つけることができる。

戸張さんは戦争末期予科練教育が中止になり、十分な飛行訓練をしなかったために特攻隊員として出撃することは免れた。現在、土浦の予科練平和記念館で働いている。

この人は八十年前は戦うことが平和を護ることだったと述べているが、今日本は軍事費を増額して八十年前のような戦うことによって平和を護る方向へと舵を切りつつあると感じる。手記の最後の平和についての意見に同意する。戦争ほど愚かな行為はない。日本が多くの犠牲者を出して手に入れた平和を護り、他国とのトラブルは平和的に解決するよう努力しなくてはならない（305―306頁）。

予科練平和記念館

茨城県阿見町の発行する予科練平和記念館のパンフレットには、命の尊さや平和の大切さを考えていただくために「予科練平和記念館」を建設したとある。

この館は淡々と当時の歴史を伝えるだけのように見えて、この展示からは戦争反対とか平和を望むとかいう思いは伝わってはこなかった。気をつけないと、人々を八十年前に引き戻す。こういった過去の国を守るための訓練の様子を見せ、日本人として誇りを持ち、日本の在り方をしっかりしなくてはと考える場になってしまう。土浦にはかなり大きな霞ヶ浦駐屯地や土浦武器学校もあり、自衛隊員の募集の掲示板もあるから予科練の展示と自衛隊は陸続きのように感じる。

この館は反面教師として使うべきなのだろうと思う。軍国国家ではこういうふうに若者が使われていくのだと。戦争には若者が行くから、この館を見て、絶対に戦争を起こしてはならないことを思わなくてはならないのだ。

予科練とは優秀な戦闘機乗りを育成する機関だった。より強い軍国日本を作るための機関なのだ。

戦争末期の特攻は日本の軍隊指導部が兵士を消耗品と考える非人間的機関だったのだ。一〇代、二〇代前半で搭乗員になり戦争末期には特攻隊として突撃し死んでいった。お国のため、国を守るため、家族を守るためと信じて散っていったのだ。国の政策を誤った軍国日本の指導者、軍によって死んでいったのだ。記念館にはあどけなさが残る若者の写真が幾枚もあった。その多くが戦死してしまった。もう絶対に戦争はしてはならない。二度と軍が威張るような日本にしてはならない。この館は八十年前の日本に戻してはならないという場にしたらよいのだ。

自衛隊は日本に貢献していると書いてある本がある。確かに災害救助に頑張っているから国民は自衛隊を好意的に見ているだろう。だが戦争にでもなればシビリアンコントロールが効くかどうか。何せ軍国時代の資料はたくさんあるし、私たちにしても戦争を起こした人たちの末裔的存在であることには違いないし、日本の政治家は弱いからいつ戦前のような体制になるか心配だ。自衛隊の銃口がいつ国民に向けられるかはわからない。今すぐでなくても、十年、二十年後が心配なのだ。私の子供たちまたその子供たちの時代に日本はどうなっているか心配だ。今日本は八十年間タイムスリップして戦争をする国づくりに向かっていると感じる。

私の手元に、現代の若者がタイムスリップして戦争中の予科練を終え、飛行訓練生になりさまざまな体験をする小説『ぼくたちの戦争』（荻原浩、双葉文庫、二〇〇六年）がある。以下紹介する。

ありえない話だが面白い。二人の青年がタイムスリップするのだ。健太は巨大な波にもまれタイムスリップして、昭和一九年戦争たけなわの霞ヶ浦に、吾一は飛行練習で墜落し二一世紀の霞ヶ浦にタイムスリップする。

二人は瓜二つだったので、吾一として健太が発見され、世話になっていた家から霞ヶ浦航空隊練習宿舎に連れてこられ、上官の山口に精神注入棒、通称バッターで徹底的に痛められる。バッターは海軍特有のもので新兵の娑婆っ気を一掃するために使われ、軍隊における絶対服従をしみこませるのだ。打ち所が悪く障碍者になったり、死んだ者もいる。健太はバッターのしごきを通して軍隊の非人間性を暴露している。土浦の霞ヶ浦畔の平和記念館にはバッターの展示があったかどうか見落としたが、当然海軍のしごきとしてそのようなことはあったのだろう。

健太の恋人のミナミは吾一に少し違和感を持ちながらも健太と思い、今日は渋谷に来ている。多すぎる物質、謙虚も羞恥も謙譲も規範も安息もない。雑踏、喧噪、金髪女性、人ひとの渋谷に吾一は脳みそがかく乱した。私もいやだ。皇国を守る楯になれと言われた。何を守るために。命を捨てて守ろうとした国の五十年後の姿がこれなのだ。多くの兵が国のために死んだのは、わい本や享楽三昧の生活を送る者の世界の国をつくるためだったのか、と吾一は問う。これはこれでよいのだ。自由で、戦争をする国よりましだと私は思う。作者の荻原も今を肯定して、戦争前より富んでいる、この時代の人間が幸せならそれでよい（392頁）とは言っている。

吾一たちが死ぬために生きてきた戦争を誰もが忘れている。戦争で死んだ人間の声はもう誰にも聞こえない（391―393頁）。でもこの事実は消せない、と荻原は日本が戦争したことと多くの若者が死んだ事実を訴えている。多くの若い兵隊が苦しみ、飢え死んでいったことを思い出さなくてはならない。多くの兵士の死という現実によって今の繁栄も平和もあることを忘れてはならない。もう戦争をしてはならないのだ（菊地）。

吾一は昭和一九年の世界に帰りたいのだ。航空隊に行ってみれば、なんとかなるのではないかと思った。霞ヶ浦航空隊の隊門が見えた。老朽化していたが見間違うはずがない。門は鉄柵で閉ざされ門柱には学校の名が書いてあった。航空隊はもう無いのだ。番兵の立っていた隊門は校門に替わっていた。吾一は呆然と門にたたずむが、八十年前に無くなった軍隊（自衛隊）が今あるのだ。吾一が門にすがって泣いた軍隊が、実際にはもう復活しているのだ。戦前より強い軍隊が日本には今あるのだ。戦争できる軍隊になっているのだ。これが現実なのだ。荻原は触れていないけれど既に過去が現在化している。それは自衛隊の駐屯地が霞ヶ浦にあるからだ。隊門では番兵が銃を携えている。否定したはずの過去の軍隊が復活したのだ（菊地）。

昭和一九年の日本は追い詰められ、人間を兵器として使う特攻隊員志願者募集が行われ、全員が強制された。健太は軍隊を告発するのだった。本当は、誰もが死を平然と受け止めているのではないのだ。死にたいやつはいないんだ。上官が後で続くなんて嘘だ。だまされるな、こいつら続いたりしない。喜んで死ぬ者はいない。若者だけが死んでゆくのだ。死ぬのになめられるのは許せないと、健太たちはバッターをする上官に反抗し半殺しにするも、特攻隊員ということで大目に見られる。

特攻隊の第一陣が行く。「俺も続くぞ、すぐ征くから貴様は靖国で待っておれよ」。こうして靖国神社にまつられることを合言葉に特攻していったのだ。

吾一は軍隊へ帰還しようという気持ちは薄らいだが、何度も海に潜りタイムトンネルを探す。健太に会えるかもしれないとも思ったが健太はいなかった。深く深く潜ったがこれ以上息が続かず、健太済まない、ミナミは幸せにすると心に思いながら上に戻ろうとする。ところが、さんごの突起にウェットスーツが引っ掛かり浮上できずに吾一は死んでいくのだ。吾一は名誉ある死をずっと考えてきたが、ミナミによって吾一の人生は変わったのだ。薄れていく意識の中で叫び続けた、「ミナミ、ありがとう。楽しかった。人生は悪くなかった」と。

連合国は日本の無条件降伏を要求しているから攻撃の手は緩めず、徹底的に日本に打撃を与える。日本は破れかぶれで特攻部隊を作るのだ。海の特攻は回天、人間魚雷だ。人間が操縦して体当たりする特攻魚雷だ。健太の回天は戦艦へ激突爆発した。そのショックで健太は海に投げ出されタイムスリップし現代に戻るのだった。浜辺で健太を待つミナミの目にずっと遠くの健太の頭が波間に見えた。

健太も乗った回天、人間魚雷が予科練平和記念館の庭に展示してあった。全長約一四メーターだ。こんなもので軍艦を撃沈させられるのかと思ってしまう。この館の隣は土浦武器学校だ。茨城農業大学のそばに旧海軍航空隊員殉職者の碑があった。

すべての命が平和であることを願ってやまない。

九、いのち日誌

前半が殺伐とした切ない日本の姿なので、個人的なことも掲載して心を落ち着かせたいと思う。

いのち尽きるまで

「光あれ」、これが第一日目。七日目に休まれた。これは一瞬にして世界を創ったわけではないことを示している。神は時間を作り、時間と共に天地を創ったと創世記の著者は考えたのだ。言い換えれば、創造する際に時間の観念があったのだ。地球の創造の最初から時があったのだ。ビッグバンもそうだ。超短時間に宇宙が拡散して天体ができたのだ。

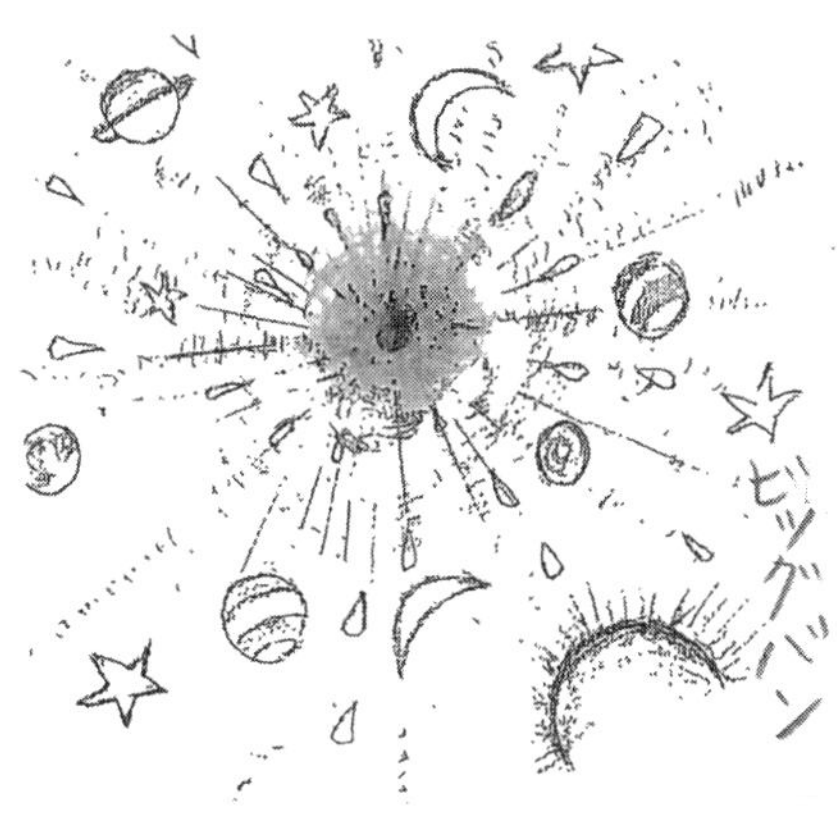

人間は時間と共にある。いのちもそうだ。老いは時間と共に進む。一秒経つといのちが一秒削り取られている。いのちが全部削り取られると寿命が尽きるのだ。老いた者の生きる時間は少ないから、それだけにいのちのいとおしさを感じる。一秒一秒いのちが奪われるから、どんないのちでもいとおしいのだ。乳母車にワン公が五匹いた。小さいいのち、おばあさんの宝物なのだろう。生きがいなのだ。

よく旅をする。林道などを切り開いたバイパスでは小動物の轢死を時折見かける。横断しようとして轢かれたのだろう。何も罪がないのに哀れに思う。きっと幼い子供が待っているのだ。この日のニュースに若い女性が公園のトイレで赤子を生み落とし、公園に埋めたと報じられた。小さないのちが見つめられることなく闇に閉ざされてしまった。非常に惜しいことだ。私は老いてどんどんいのちが削られていると思うから、生きとし生けるもののいのちがいとおしい。

いのちがすべてはぎ取られた時に命が尽きるのだ。死にゆくというようなものではないと思う。生の中に死は埋め込まれている。生が終われば死が見えるのだ。だが、私はいのちの後に死があるとは考えない。ただいのちが尽きるのだ。それを死という言葉で表しているだけにすぎないのだ。

私は必死にスポーツをしている。いのちを大切にするのに何んでと聞かれる。長生きのためではないのだ。いのちを生きるためなのだ。いのち尽きるまで激しくいのちを燃やしたいためだ。一日怠ければその日以上に肉体は衰える。筋肉は特にそうだ。落ちた筋肉を立て直すにはそれ以上の日数がいるのだ。だから毎日筋肉の強化が大事なのだ。老いの体に鞭打つのだ。バイデンは七七歳、元気な大統領だ。私は八二歳。頑張らなくてはならない。彼は長々と演説をこなしている。きっと体を鍛えているのだ。

老いとの戦いも、スポーツをする目的の一つだ。まりや食堂を守るのがその根っこにある。体が強くなくてはさまざまに体を使う山谷のまりや食堂は維持できない。まりや食堂を守るために空手は頑張ったものだった。

基本的性格は熱しやすく、負けず嫌いだ。それがスポーツのエネルギーだ。老いを運動で乗り越えなくてはと、必死に生きるのだ。体が意思通りにいかないとイラついてくる。このいのちをできるだけ使い、生きるのだ。スキーではリフトが動く前の早朝から練習したものだった。スノーボードもシーズン前に人工ゲレンデが開設すれば行ったものだ。今テニスは週に二回はしている。

カマキリが庭でもたもたしていた。もう寒いから弱っているのだろう。危なくタケ箒で引っ掛けそうになる。尻をつついて追い出した。もう鎌を剥く力もなくよたよたと逃げて行った。山茶花が湧き水のように葉の間から生み出され、次々と歩道を花びらで飾っていく。そのままでいのちが生き生きと遊んでいるのだ。人は防寒着を着て手袋をして散歩しているのに。

いのちはどこにも転がっている。見ようと思えばここかしこにある。石のいのち、木のいのち、かまどで精錬された焼き物のいのち。石を見に、焼き物を見に笠間に行かなくては。岩にはへばりついて登ったものだ。墜落に備え下にはマットを敷く。庭の楓が色を付け始めた。いのちの息づきを感じ、朝焼けの自然の神秘に心がゆすられる。

朝のある番組。四十数歳で肺がんが見つかる。転移もありステージ3で二、三年の命だ。この人は緩和ケアの医者だ。ちょっとしか見なかったが、数年のいのちならその間に四〇年生きようと言っていたような気がした。三年間のいのちの上に四〇年分生きるのだ。これはすごいと思った。精いっぱい生きるのだという意味だろう。

猫背の山谷のおじさんが杖でひょこひょこ歩いている。ああ、いのちが生きていると感じる。いのちの上に生がある感じだ。山谷はみな年をとった。

こつこつ食べている。さほど食べたくもないのに、ご飯やおかずなどいのちにせかされて食べている。これはからだに良いか?など、とからだ（いのち）に聴いている。これが生きるということか。一息一息生きるとはそういうことなんだ。日常の何気ない歩みがいのちなのだろう。

ひげもじゃのおじいさんが毎朝ハトに餌を上げている。これがいのちなのだろう。寄ってくるものがいるのだ。こころがうれしいのだ。かなりの年配で多分ドヤに住んでいるが、もう身なりなどどうでもよくなる年で薄汚れて、いつも軽く酔った目でまりや食堂ののり弁の大盛を買いに来る。部屋には誰も待っていない。孤独だ。ハトがかわいい。餌をやれば寄ってくる。飲み屋では一人黙々と飲んでいる。いのちがここでも生きている。黙々といのちが脈打ち時を刻んでいるのだ。山谷ではハトが増え、うちの前なども糞だらけだ。困ったものだ。

幹を切り小さくしたイチョウが色づいている。背丈が五〇センチしかないのにまっ黄色でなにかいのちを感じる、ここにも小さないのちが宿っているのだ。椿が切りもなく咲き続け地面を花びらで濡らしている。絵柄がきれいだ。この花びら一枚一枚にもいのちが宿る。昨日植えた花キャベツは天を見上げて、葉というか花というべきか精いっぱい広げ、いのちを楽しんでいる。小さな万両は今日植える。まもなく冬なのにいろんないのちが息づいている。

A先生の思い出

A先生がお亡くなりになって、奥さんから先生の衣類があるとのことでいただくことにした。「亡くなった主人の衣類を使ってもらえますか」、電話でそういった人が時折ある。

衣類はバザーをしたり玄関前に置いたりして山谷のおじさんに提供している。買えばそれなりに高いし、バザーに向かないものでも着ることはできるから、玄関前に置けば持って行ってくれる。野宿の人や近隣のドヤの人たちだ。この方法は大いなるリサイクルだ。中古衣料が無駄なく使えるからだ。

A先生の衣類には特別の感慨がある。それは山谷兄弟の家伝道所、まりや食堂を立ち上げるに際しては大変お世話になったからだ。私は一匹オオカミみたいに生きてきて山谷に入り、日雇いをしながら伝道を開始した。そうした中で、A先生との出会いによってその後の活動の展望が開けた。温厚でキリスト教会に幅広くつてがあり、そういった繋がりで幅広く支援を求め今日のように借地とは言え三階建ての教会兼食堂（現在は弁当屋）を作ることができた。ひとえに先生のお支えがあったからだといつも心にとめている。

その方の衣類だから、形見となる品をいくつか見つくろいいただいた。帽子と替え上着だ。

こうして世話になった先生の思いが具体的に手元に残り、先生の好意をいつも胸に持つことができて感謝だ。たくさんいただいた衣類は山谷のおじさんへのバザーと無料配布で使うことができた。生活の厳しい人への思いから私の屋台骨を支援してくださり、こうしてお亡くなりになっても、身に着けていたものを山谷のおじさんに配れたから、きっと先

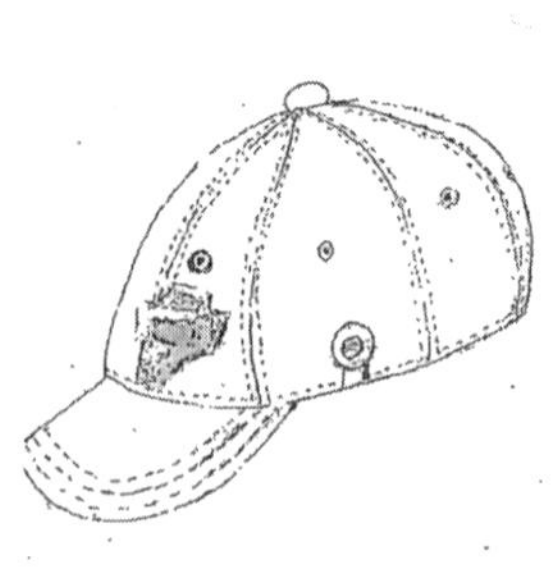

生もお喜びのことだと思う。

A先生との出会いは四十年もの前で、退職、引退などで繋がりは切れていた。だが、支援者という点の繋がりでこうした衣類の支援をいただいたのだが、先生とのいのちの繋がりみたいなものを感じている。衣類という物による繋がりではあるが、提供するという主体の行為は、そういったところへの思いがあるからだ。その思いとは一つのいのちと言うべきものではないかと思う。帽子が好きだったという先生の遺品の帽子を通して先生の山谷を思ういのちにあずかっているように思える。それはA先生には未来の出来事なのであるが、先生はその帽子を通し現在を生き続けている。

命、食べ物、神の義（マタイによる福音書6章25―34節）

食べ物や着るもので心配するな（25節）、まずは神の国と神の義を求めよ（33節）。食べ物や着るもののことで心配するのは、両方とも神に反するのだ。命や体を中心に考えれば神をおろそかにすることになるから、それへの戒めなのだろう。確かにこの世は体、命だけを考え食べ物、着るものを求める人は多い。命は食べ物にまさる（25節）。とは言え、野の花は働きもせず成長すると指摘しても野の花でも日照りが続けば枯れて死んでいく。命は食べ物にまさるが、命は食べ物に依拠して生きている。

25節は食べ物万能、飽食、欲望を戒めているのだ。現代は食べ物があふれ命を縮めている。高血圧、コレステロール、肥満など食べ物原因の疾病も多い。だから、確かに命は食べ物にまさるのだ。命は大切だ。だから命を守る食事をしなくてはならない。食べ物が生きる中心となり好きなように食べれば、命が危ない。まさに命は食べ物にまさるのだ。当時のキリスト者に禁欲的生き方を勧めているのだろう。この生き方は命を長らえる可能性は高い。

第二次大戦下ガダルカナル島では飢え死にした兵隊の数が銃弾死より多かった。ここでは命のために食べ物が絶対に必要だったのだ。南方の戦役ではこのようなことが多かった。

こうしてみると、食べ物には状況によっていろいろな意味があるようだ。山谷では路上で寝ている方もいる。炊き出しに大勢人が並ぶ。生活が苦しいのだ。まりや食堂はそのためにある。

現代は、物だけを追求する社会で、欲望充実の時代だ。他人の分まで取って自分を満足させたい社会、格差社会だ。この個所は、豊かさを求め他人を蹴落として自らの豊かさを求める人々に対する警告だ。神信仰と両立しない、と否定的なのだ。

物質がすべての競争社会が路上生活者を生み出しているから、少しでも禁欲的社会（累進課税、裕福層重税）にしてすべての人が部屋で寝られる体制を作らねばならない。人がまず神の義を求めれば貧しい格差は生じないだろう。もっとわかりやすく、神の義を社会の正義と言い換え、社会正義を一番に求めれば貧しい格差は生まれないのだ。まずは社会の正義を求めよ。

神の国と神の義を求めれば必要なものは与えられるという体験

順番は神信仰が優先する。神の義を求めれば必要な物は与えられる、と説いている（33節）。これは重要な言葉だ。私はその一人だろう。なんの成算もなかったが、日雇い労働者に伝道するために日雇いになった。言い換えれば、それが私の神の義を求める手段だったのだ。神の義は山谷宣教だった。その過程でおのずと必要な物が支援を通して与えられてきたのだった。だからこの言葉は正解だろう。これは信仰者の生き方だ。

34節の、明日のことは明日自らが思い悩む、その日の苦労はその日だけで十分だ、というみ言葉。これは日雇い的だ。日雇いは日単位の生活だから、今日は今日、明日は明日と基本的には割り切っている。まず明日の仕事は明日の朝表に立たねば仕事があるかどうかわからない。だから明日のことは今悩んでも仕方がないのだ。その日の仕事の苦労も明日に持ち越さない。与えられた今日の仕事に打ち込み、時間が来て金をもらってそれでおしまいだ。何も残らない厳しい生き方だ。

神の義を求めて、今日一日苦労すれば、明日は開けるというのが、イエスのお弟子さんたちの生き方だったのかもしれない。私は山谷伝道に励んで、おのずと支えられたが、それぞれが自分の信仰に励むならばおのずと道は開けるということなのだろう。今後のまりや食堂の先はまったくの不透明だ。私及び専従者は年を取った。この先のことは何もわからない。今日をひたすら頑張りあとは神にお任せだ。まさにここのみ言葉なのだ。

すべての存在と共に

『野草の手紙』（ファン・デグォン、自然食通信社、二〇一六年）を紹介し、感想を述べる。

この人は韓国人で海外留学生スパイ団事件に巻き込まれ、あらゆる拷問を受け無期懲役刑を科せられ一三年二か月後に釈放された（249頁）。その間独房生活を通して体験、実践してきたことをこの本に記述している。この人の特異な体験から学ぶことは貴重だと思う。

投獄から五年間無実を訴え続けてさまざまな抵抗を試みたがすべて失敗に終わり、ファンは心身ともに疲弊しきっていた。独房でもがき体を壊し、生きるために刑務所の庭の育っていた雑草をむしり

とって食べ始め(268頁)、そっと生きている虫や野草に自らのいのちと連なる生命の営みを見出したのだった(9頁)。自分がしがみついていたものが無意味だと思った時に新しい道が開けた。新しい道に導いたのはありふれた野草や虫たち微生物たちだった。それらが息づく低い場所に降り立ち交わりを通して彼は甦ったのだ(11頁)。

一坪の部屋で自分が宇宙なのだと感じ、部屋を飛んでいるハエ、垂れ下がっているクモも自分の身体の一部、自分が接しているあらゆるものが自分の身体の広がりと認識した(257頁)。

身体の一部というのだから、自分の手足と同じ感覚なのだ。自分の手足は大事にするから、同じようにその虫たちも大切に扱うということなのだろう。やはりそこにあるのは共生だ。対等に平等に生きる生き方なのだ。そういった小さい存在の息づきについて「わたしは想像しました。わたしが吸う息のなかには、この世に存在するすべての生きものたちが吐いた息がある。そしてわたしが吐き出す息を、他の生きものたちが吸う。呼吸を通じて、存在するすべての生きものたちとつながっていることを、わたしは感じました」(11頁)。

私はそこまでは思えないが、私は年だしそう長くは生きられないから、小さな生き物に心が向くのだ。それで小さな生き物や野草に興味を持っている時にこの本に出合ったのだ。

「人間だけではなくすべての生きものが、この世界を美しくするために生まれてきた存在なのです。

道端の草や花、その間に生きる虫、そして人間。すべてが同等の価値をもっています。みんな〝命の饗宴〟というパーティーに招待された存在だと思えばいい。そしてそのなかでの自分の居場所を見つけさえすればいいのです」（11頁）。

すべての命の賛歌を

どちらかというと迷惑がられる野草について「野草が成長してゆくようすをじっくり眺めてみましょう。けっして、意味もなくそこに芽生えたわけではありません。よく言われることですが、神がこの世を創造されたとき、不要なものなどひとつもつくられませんでした。野草も同様に、すべて自然が、その大地が必要としているからこそ、その場所で育っているのです」（255—256頁）。雑草にも生きる権利があるのだ（253頁）。

私は畑がたがやされ黒々と一面に展開しているのを時折見かけるが、少し気持ち悪いと感じている。青いものが一本もないような土ってあるのだろうかと。実際は肥をすきこんで青菜を植え付けるための畑だが、でもなんだかこれは土を痛めつけているのではないだろうかと感じる。畑が、自然の状態ではなくて、人工的に野菜を生産するための機械的な物質に変えられているような感じがする。雑草は一本もなく、種を蒔き肥料をやり、太陽の光線を浴びてものが生産される。なにか偏った土地の使い方のようだと感じて仕方がない（菊地）。

農民は言う。「わたしが植えたものは作物で、わたしが育てて食べるのもまた作物だ。おまえはわたしが育てて食べようとする作物の栄養を横取りし、栽培の邪魔ばかりする。つまりおまえは、わたしの利害に一致しない敵なのだ。わたしが生きるために、申し訳ないがおまえたちには死んでもらう」（250頁）。こうして雑草は虐げられ農薬でみな枯れた。その結果、その草を食べていた動物、生物も死に絶える（250頁）。今や世界的に農薬の害が問題になっている。

産業化した農業は雑草を撲滅させるためにたくさんの農薬をまき、農薬をばらまいた結果あらゆる草や植物が姿を消し、その草の種を食べて生きている野生動物や鳥たちもみな死んでいったのだ（250頁）。

だが、私には矛盾がある。こんな感想を畑に持っている一方で、さまざまな人から畑でとれた野菜の支援をしてもらっている。農業をしている人や、個人菜園やさまざまだ。そういった支援で安い弁当に野菜たっぷりのメニューを作り上げられるのだ。でもできるだけすべての存在が大事にされるような自然でありたい（菊地）。

存在はすべて同等の価値を持ち共に生きる存在なのだ。ファンさんの言う、生き物がみな共生しているのだと考えるのには共感できる。生き物はみな同類なのだろう。私が飼っていた犬が二匹ともすでに死んでいる。けれどもいつも二匹の犬を思い出す。私の仲間だったような気がする。ある時ハエが食卓にまとわりつき離れない。不潔なので追い払うがだめだ。その時にもしかするとこれは雄太（犬）の生まれ変わりかなと思ってしまった。なぜかというと、親しげに私にまとわりつくからだ。何とか追い払って済んだ。

私はファンさんの発言から聖書の「山上の垂訓」の「思い悩むな」という個所について考えてみたい（マタイによる福音書6章25―34節）。

天の父は鳥を養ってくださる（26節）。野の花は着飾っている。それは神がそのように装ってくださっているからだ（30節）。ましてや神はあなたがたの面倒を見ている（30節）から、思いわずらわずに、まずは神の義を求めよ（33節）と言うのだ。

野の草花については、「あなたがた」との比較の対象として言っているので、これらが中心話題ではない。しかし、神はこういった草花をも目に止め成長させてくださっているのだ。結局のところ、そういった存在も神の面倒で成長し、人間も神が面倒を見て成長しているのだ。したがって、神はその意味ですべての面倒を見ていることになる。

ファンさんはこういった生き物との共生が大切だと説くのだ。これによって地球が存続することになるのだ。今、共生が唱えられている。地球を守るために。その思想の一つとしてこの考えもありなのだ。小さい命を守ることが地球を守ることなのだ。

肥し

「実りの秋にまりや食堂にはお米や野菜など収穫されたものがたくさん届きます。送ってくださる方はおじさんたちのことを思い、自分の作ったものをささげてくださっています。毎月それも長い年月なにがしかの献品をくださる方も、もちろん献金も頂戴します。このコロナ禍で連帯という言葉が言われるようになりましたが、何十年も前からまりや食堂にはたくさんの支援の輪があります。これこそ連帯です。キリストに繋がっていると思います。まりや食堂のお弁当にたくさんの顔がうかびます。ひとひとひとみんな笑顔です。おじさんたちに繋がるキリストの平和だと思います。一人のひとが始めたことが大きな輪になって連綿と続いています。これこそ神の計らいのような気がします。」と、まりやの機関誌（「山谷兄弟の家だより」）に書いた人がいる。

「一人のひとが始めた」、その一人とは私のことなのだが、一人で始めたという意識もなく現在に至っている。そう言われて初めてそうなんだなーと納得してしまった。どうして無意識だったかといえば、気持ちでは一人ではなかったからだと思う。支える会がすぐでき、最初は人手がなくかみさんも頑張ってくれた。私もまだ中年で体も精神も強かったし、宣教へのエネルギーがその基礎を支えていたと思う。

まあ、でも確かに一人で始めた。面白いと思うのはいろんな人が支え応援して、半分ぐらいは下りて、また新しい人が支援者になるなどして、まりや食堂を支える人が肥しとなって、まりや食堂を育て、肥しだからいつかは消滅するのだが、まりや食堂はその肥しを吸って成長し、また新たな肥しが投入されて（つまり新しい支援者が現れ）養われ、その繰り返しでまりや食堂は成長してきたのだ。福音書のからし種のたとえのような感じがする。今からまりや食堂はどこに行くのか。最低、教会は残したいと思っている。

いのちある限り

『この生命ある限り』（大石邦子、講談社文庫、一九八二年）から。

一九四二年福島県生まれ。バス事故で重傷を負い左半身が麻痺してしまう。その検査で胸をはだけられたり、さまざまなことをされる。麻痺でおしっこが出ず導尿という措置をとられる。二二歳の女性が降ってわいた事故で、突如こうなってしまい、おしっこの方法など恥ずかしく、泣くしかなかったという。突然のことで胸は張り裂けるようですべてが憎かった。夜は絶望で母を呼び泣いた。麻痺した手足は、痛みやしびれがあった。便も出ずに摘便といって看護婦が指で取ってくれるのだ。これも辛く嫌だった。不眠のためにブロバリンをもらうが、ためて飲んで自殺を図る。もうこの人生に絶望したのだ。助かり、生きていこうと思う。

痛みがひどく麻薬を使う。薬物治療の効果がなく打ち切り、整形でリハビリに移ることになる。甘やかせては駄目なんだという看護婦の言葉に引っかかる。この人は不治の病といわれたが、必死のリハビリの訓練をする。血豆、膝にはタコ。周りはみな同じ状態だ。みな必死に転げ回りはい回る。競争だ。少し調子が上向く。何事も訓練次第。必死のリハビリで少し歩けるようになる（160頁以下）。

自分でおしっこが出た。すごい喜びなのだ。訓練のおかげだ。大きな哀しみが取れたのだ。「練習だよ」と言っていた先生が神様のようだ。

リハビリはだめになった神経の回復ではなく、新しい神経回路を作り出す訓練と聞いている。多分使っていない寝ているそれに類する神経回路を刺激してそれを使えるようにするための訓練だろう（菊地）。

歩きたい、健康になりたい。三年半で五〇メーターが歩けた。くじける自分を叱る。私は待つ、生きるのだ。命ある限り、機能のために辛い訓練を、耐えよう。その日から今まで感じることのなかったことに新鮮さを感じる。先生の指に人の生命を感じる（238頁）。明日も新しい一日、動かない手足も愛しい。母からもらった分身だ。医者の勧めで書く。右手がある、それでたくさんのことができると先生。不思議な病でも残された命を精いっぱい生きる。残された命を真剣に生きようと、残されたあらゆる可能性を見出して精いっぱい生きる。花嫁衣装は一度着たかった。苦悩と絶望の四年間のベッド生活、奇跡的な医学の発見がなければ、永久にこの日は続く。命が叫び続けている。七年にして自己退院し車いすの生活だ。自分で生活できるまでに回復したのだ。

よほどのリハビリをして機能回復をしたのだろう。若いということも力だったのかもしれない。気性の強さも良かったのかもしれない（菊地）。

一粒の飴

お弁当を買う人の袋に飴玉を一つ入れてあげる。飴玉一個なのだが、なにかあったかいものが心の片隅にある。たかが一個なのだが、ご飯の後にお茶を飲みながらなめて口直しにしてくれたらよいなと思っている。

一個とはいっても、客が七十人では七十個いるから馬鹿にはできない。週に二回もすれば、これだけのものを買えばそれなりに費用がかかる。おかげさまで献品に飴やチョコレート、お菓子が来るから、それらは炊き出しに使っているのだが、弁当のおじさんにも横流しで使うことにしているのだ。

こんなことを思い立ったのには理由がある。それは今年の年明け二〇二二年の一月のこと。例年この時期は客は少ないのだが、一月末になっても、二月、三月も客足が悪く大体六十人台が続いていた。今年はやたら寒く四月にやっと暖かくなり始めたが、それでもぐっと冷えたりして気温が安定しない。

なじみの客にどっか安い店ができたのと聞いても、そうでもなさそうだ。多分寒くて出てくるのが億劫な人が多いのだろう。山谷は老人の街になっているから日中にスーパーかコンビニでお使いして夜にテレビでも見ながら食事をするのだろう。本当に毎日寒いからまいってしまうが、三月末ぐらいから少し寒さがゆるみ始めるにしたがって客足が増えてきたようだ。

私としてはそういった気象状況に手をこまねいてたたずむわけにはいかないので、少しでも客足が多くなるように創意工夫をしているのだ。その一つが飴玉なのだ。お客さんに努めてサービスをする

ことが客を呼び込む方法であることには間違いない。

実際、マスクを提供したり、ふりかけのサービスをしたり、さまざまなサービスの工夫はしているのだ。マスクは支援の献品で充分まかなっている。ふりかけは不足気味だ。献品のせいというより、ボランティアの気前のよさによるとにらんでいる。客の所望でたっぷりかけてあげるのだ。たくさんいただいているふりかけの献品はみるみる消費されて、最後は「おじさん、今日はないの」となってしまう。当初はけちるように言ったが、今はもう言わないのだ。ボランティアはできるだけかけてあげたいのだから。卵焼き弁当は長らく味をつけない卵焼きだったのだが、少し砂糖を入れ始めた。それは卵焼き弁当の売れ行きが思わしくないので、今までの卵焼きに飽きが来たかもしれないと考えたからだ。それ以外にも卵焼きにスパゲッティや野菜をつけて、そのおかずだけでご飯を食べてもある程度はバランスがとれるようにしている。のり弁もそれだけで栄養が取れるように魚缶などをつけて努力している。

四月五日には七十五人来た。大体今までの人数からすると八十人から九十人ぐらいだから、従来のレベルに近づきつつあるようだ。もっと客足をアップするためにも定食のレベルアップが必要だ。そのためにボランティアの家庭のおかずを取材する。支援者にもお尋ねしてご家庭のメニューを教えてもらうのだ。

現在（二〇二二年一二月）は客は八十人前後だ。多い時は九十人を超える。ありがたいことだ。客足が伸びたのは多分異常な物価高のせいだろうと考える。弁当屋のための肉、魚などを仕込むが、みな上がっている。でも、まりや食堂の弁当の値段は上げていない。どこでも、弁当でも何でも値上がりの中ではまりや食堂の値段は格段の低価格になっているのだろう。そういったことが客足の増加になっていると思う。結構見かけない顔のおじさんたちも買いに来てくださっている。支援もあるし、創意工夫してこの値段で販売することは山谷とまりや食堂にとって良いことなのだ。

倍賞千恵子さんの話（日本経済新聞二〇二二年一一月二六日号）

この人は私と同じ生まれ。八〇歳。日経の「人生100年の羅針盤」の取材の内容に共感した。

この人は若い。年齢は数字にすぎないと言う。私もそれに共感するのだ。私も若いと言われる。だから実年齢と暦の年齢は乖離(かいり)していると思う。それでこの人の言葉に共感した。暦よりぐっと老けている人もいる。それぞれの体質や環境や運動などさまざまな条件でその人の実の年齢は決まるのだろう。私は年齢などは意識しないで空手、ボルダリング、スノーボード、テニスなどをしていた。多分これが実年齢を決めているのだろう。これらは趣味とまりや食堂を守るための体力作りなのだ。結果としてこのことが体を若くしているのだろう。今の私には、がんと交通事故が一番命を失う機会かなと思っている。それまでは生きられる間は生きるつもりだ。

倍賞さんはその生きることについて、「死ぬこととは生きることです」という住職の言葉に目覚めた。人は死ぬけれど死ぬ瞬間まで生きている。だから生と死は繋がっている。そうか死ぬまで今まで通り生きて行けばよいのだと日常を自然体で歩んでいる。

私もこの考えに共感している。一生懸命に生きていればいつかは肉体は枯れる。自然消滅だ。コスモスを見ていると、花が咲き、またほかの場所からも咲き、花びらが散り、立ちながら枯れていく。それが生命現象なんだと思うのだ。だから今日も一日頑張る。その生を歩み続けていく、その生がその過程で少しずつ枯れていくのだ。その現象の一つが忘れっぽくなることだ。もともと忘れっぽいが最近は少しそれが深まった。体力は増した。知力も増した。これは年の功かもしれない。少し根性が無くなった。だが読書力は強くなった。読みづらい本でも忍耐して食いついていける。腹の調子は少し良くなった。酒量が少し増した。肝臓はまだ健全だ。生きる、生きる、その先に自然がある、自然に帰るのだ。それが生命現象だ。これで完結する。大地はまた新しい生命を生み出す。

一息ごとに祈る　一息ごとに生きている

目覚めれば、鬱っぽい。これは私の宿命かも。目覚めると時折不整脈だ。心臓が熱く、脈が激しく打っている。原因は不明だ。診断では突発性心房細動とのことだ。血液の固まりにくくなる薬を毎朝飲んでいる。不整脈はその発作の時に血液が滞留しがちだそうで、そうなれば血液が凝固し脳梗塞の恐れがあるとのことだ。ただ用心しないと、指などを切った場合血が止まりにくいことだ。転倒しての内出血も危険だ。要するにけがをしないようにということだ。

目覚めて一息する。今朝は息苦しい。不整脈だ。主よ、支えてください。心を静め脈を整えさせてください。少し頭も痛い、体が重い。主よ、今日一日お守りください。多分昨日のストレスが心臓に来たのだろう。いつ出るかわからない。ずっと出ていなかったが最近立て続けに二度出た。今日のは少しひどい感じだ。これでは毎日血液をサラサラにする薬を飲まなくてはならないだろう。

一息ごとに祈る。主よ、お守りください。今日のやるべきことを勇気をもって前に進ませてください。一息ごとに祈る。

今朝は脈が落ち着いている。ありがたいことだ。命の鼓動が、押さえている脈を通して規則的に指の腹に伝わってくる。生きているのだ。

いのちを叩き、消えかかる残り火に息を吹きかけるように駆けている。テニスに、スノーボードに。テニスはここ二週間動きが悪い、某所の個人レッスンはそれなりにできているのに。

いのちを燃やし続けて駆ける、燃え尽きるまで駆けるのだ。

いのちに刺激を与え燃やし続ける。太陽と一緒だ。

いのち尽きるまで燃やし続けるのだ。

いのちに刺激を与えることで、いのちは燃え生き続けるのだ。

この裏にはきっと鬱がある。忍び寄る鬱があるのだ。

目が覚めると、気持ちが落ち込んでいる。時間がたつと普通になってくる。沈み込む気持ちを打ち叩かないと先に進めないのだ。

本の刺激も良い。出版しようと思えば強い刺激で生きられる。燃え立たせないと先に進めないのだ。

いただいたあの本（笹森建美『祈りと讃美の詩（うた）』キリスト新聞社、二〇一〇年）の澄んだ心は何だろう。

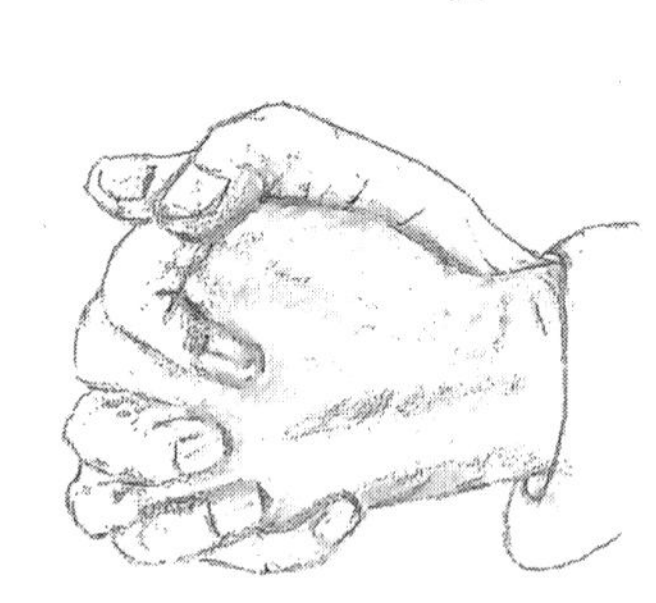

そう思うのは、この本の著者は古武道小野派一刀流の宗家だからだ。スノーボード、テニスで感じるのは、根性がないと上に行けない。気性が激しく上を向くのだが、この本の冒頭は何だろう。悟りきってしまったのか。そんなことがありうるのだろうか。武道に励む人ならもっと激しい思いが行間にあってもおかしくないのに。こんな悟りに近い心境になれるのだろうか。
私はまもなく八二歳だが、今でも日々戦いだ。まりや食堂の日々、客が多い少ない、食事の良し悪し、人事、喜怒哀楽、スノーボード、テニスの戦い。

ボードがうまくいかなければ次の週も車を飛ばして日帰りでゲレンデに。帰りが危険だ、眠くなる。一度はっとしたら右側面の壁が眼前だ。一瞬眠って車が側面に異常接近したのだ。ハンドルを回しセーフ、危険だった。激突する寸前だった。そんな日常のただ中にいるので、ただ、一息一息、アーメン、アーメン、感謝、しかないのだ。

いただいた本には

神さま

神さま
　私はあなたと
お話がしたいのです

けれど
何と話していいのか分かりません

〝神さま〟
　これだけで
私のことばの全てです（一部）（『祈りと讃美の詩（うた）』10頁）

とても静かな祈りだ、と最初は思った。でもやはり葛藤の末にそこに行きついたのだろうと思う。良いも悪いも、幸も不幸も、ラッキーもアンラッキーもみんなひっくるめて〝神さま〟と呼びかける。〝神さま〟としかもう言えないのだ。

私にとり
戦いの日々の口に吐くのは
アーメン　アーメン　主に感謝　だ
この言葉で励まされ、慰められ、今日も走る
今日までのいのちに感謝。
何度かいのちの危機があった。でもすべて、アーメン　アーメン　主に感謝　だ。

こころがあったまる

重傷を負ったボランティアが一二月（二〇二二年）に戻ってくる。彼女はオートバイに乗っていて車にぶつけられ重傷を負い入院していたのだった。一〇月に退院し車いすでリハビリに励んでいる、と聞いていたので、もう年内は無理かと思っていた。

まりや食堂の現況は、コロナの影響でボランティアが少なくなり、加えて専従者が一人骨折で長く休んでいるので、もう一人の専従者（膝の故障を抱えている）と、半専従者（料理が少しにがて）の二人が調理の中心となってしまった。二人とも年輩だが週二回ずつ担当し（ほかの日は休みにして休息してもらっている）、その周りを強力にボランティアで固め支えていただき一一月になってしまった。私はまりや食堂全体を見まわし切り盛りしている。これがまりや食堂の今日だ。

大きな痛手はコロナでボランティアが減ったことに加えて、重要なボランティアまでもが事故で来られなくなってしまったことだ。休息のために時折まりや食堂を休みにすればよいのだが、休みにする前日販売窓口で、弁当を渡す時「明日は都合でお休みね」と言うと、多くはがっかりした顔をするのだ。申し訳なくて簡単には休みにできないでいる。早く正月休みが来ないかなと待っている状態だ。

中心メンバー二人もだいぶ疲れてきたので、また、一日休もうかなー、とも考えていた時に復帰の吉報だ。私はこころが温かく、すがすがしさに満たされた。この人はまりや食堂とその中心メンバーの状態を非常に心配し、支えようとして電話をくださったのだ。ありがたいことだ。これがまりや食堂のボランティアの心意気なのだ。

この人がもう一人の仲間と組んで月二回午後から入れば、半専従者は半ドンで済むなどして、まりや食堂の全体のローテイションが少しは楽になるのだ。

追いかけるように、骨折で休んでいた専従者も一一月末から仕事に入る。これで通常のローテイションに戻ることができる。ありがたいことだ。この人はこういった仕事に慣れているから私も安心して任せられるし、この人と冗談を言い合っていると心の疲れが取れるので助かる。見ると少し太った感じだ。聞けば家でごろごろしていたとのこと、まりやで働けばまたスリムになるだろう。

向き合う（ステージ3）

「向き合う」という小見出しで新聞に大腸がんステージ3の人の体験記が載っていた。今やこれは他人事ではなくなってきているのだ。私は二度ポリープを内視鏡で取っている。大腸の「便潜血検査二日法」で引っかかり内視鏡となったのだ。がんでなかっただけありがたかったとは言え、腸を空にする下剤はかなり苦痛だったが頑張って乗り切った。二回目のポリープ切除の時は切り口の縫合がうまくいかず出血し、内視鏡をいれて再縫合した。それから二年後の今便潜血検査を受けた。前のことがあるから今回は覚悟はしていたが、陰性だったのでほっとしている。

体験記は日本経済新聞の医療・健康欄の、ある医者の大腸がん闘病の手記である。ステージ3の記事にひかれたのは、私はポリープができやすいようで、ゆくゆくはがんにならないとも限らないからである。その記事をよく読みステージ3の状態をある程度追体験するのがベターだろうと思った。

この人は手術をした後は服用の抗がん剤治療に入った。五年生存率八〇パーセントだ。四週目から強い副作用が出た。吐き気、食欲不振、下痢等、掌足底の皮膚にひび割れが生じた。途中休薬、減薬などして五か月ぐらい頑張り、術後半年後の検査では多発転移がありステージ4になった。今後の抗がん剤投与では数か月から数年の延命だ。副作用の経験からさらなる抗がん剤治療はしようとは思わなかったという。

私はこの手記を読み、一体自分がそうなったら耐えられるか、いっそ抗がん剤治療はしない方が良いのだろうかと、今からもう迷っている。だいぶ前だが、まりやのボランティアが乳がんの再発で入院し抗がん剤の副作用からもどし、それがのどに詰まり亡くなった。抗がん剤は大変だとその時から心に響いていた。

私がこの手記から教えられたことは、便潜血検査は真剣にしなくてはならないことだ。検査でプラス（出血）が出たら、喜んで下剤を飲み、腸を空っぽにして内視鏡検査を受けるのが良いのだ。下剤にうんざりするのは、腸をきれいにするため幾度もたっぷりと飲まなくてはならないからだ。大腸がんで、この方のような状態になったら抗がん剤で苦しむことになるが、それに比べたら下剤ぐらい軽いものだ。検査でプラスぐらいなら大腸がんが見つかっても、ステージ3まではいかないだろうから便潜血検査は歓迎すべきだろう。いずれにしてもがんは怖い。できるだけ体に良いものを食べて注意をすべきだが、私は酒を飲むのでどうなるか。

ヒーリング・システム（癒しについて）

『癒す心、治る力』（アンドルー・ワイル、角川文庫、一九九五年）、英語題名は *Spontaneous Healing*（自発的治癒）。

この本は生き方を考えさせる、元気の出る本だ。

いくつか紹介していく。

からだにはもともと治る力、つまり治癒の力があるのだ。治療で治ったという場合も、内部の治癒機構の活性化の働きだ。ヒーリング・システムつまり治癒系が備わっている。治癒系の知識はひとの健康を促進する。この本はそのために書かれた。それは結構なことで、今は治療費や処方薬も高いし、薬局の売薬も高い。私たち高齢者の保険料も上がっている。治癒力を高め、病気になる機会を減らせればそれに越したことはない。ヒーリング・システムが読者のお役に少しでも貢献できたらうれしいと著者は語る。

治癒の五つの知恵（64頁）

一、体は健康になりたがっている。健康とはバランスのとれた状態。バランスを戻す行為が治療だ。

二、治癒は自然の力である。

三、ヒーリングは「ひとつの全体にすること」という意味もある（16頁）。からだはひとつの全体である。すべての部分はひとつに繋がっていると述べている。

ひとつと全体がイコールと言うと変な感じだが、部分（ひとつ）は切り

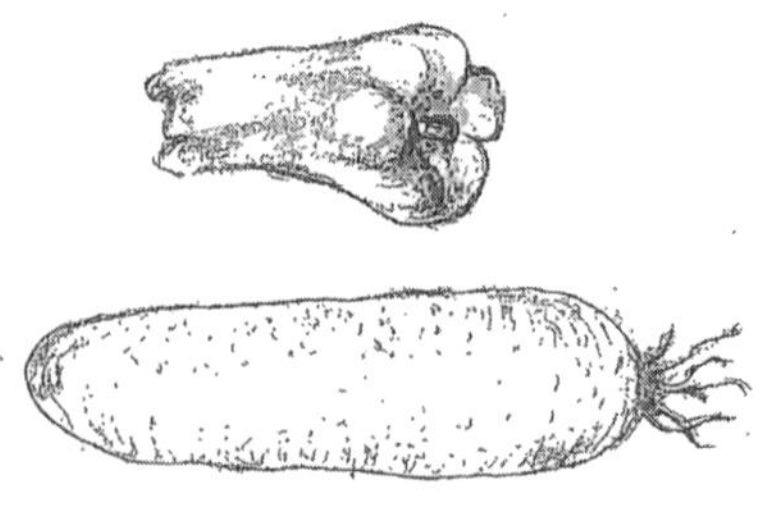

取られた一部ではなく、それ自体が全体を意味するということ、その部分も全体を現しているということ、部分はそれだけで独立しているのでないということだと理解した。その部分は全体の影響で成り立っている。全体がバラバラではなくひとつなんだ。不具合、快適、病気などの部分を全体で見ていこう、とこの人は考えているのだ。

すべての部分はひとつに繋がっている。からだの部品、部品が集まった全体を体という。その部品はばらばらに働くのではなく、ひとつに繋がっているのだ。

ひとつが全体だという考えには納得だ。大体どこか調子の悪いのは全体からきていると考え、体全体をながめて考えるのは良いのだろう。全体の安定と健康によって部分は癒されていくのだろう。

四、こころとからだは分離できない。できるだけストレスはためないことだ。ストレスが体を痛めるのだ。

五、治療家の信念が患者の治癒力に影響する。医者の姿勢、態度、発言の重要性を言っているのだ。同感だ。私のかかりつけ医者は鷹揚でありがたい。私が不整脈で節酒をしていると言えば、医者は心配そうに「無理して節酒しなくてもいいんだよ」と慰めてくれる（菊地）。

治療と治癒（183—191頁）

病気が抗生物質で良くなる。実際治したのは体の免疫系だ。治癒メカニズムを活性化させたから治る。抗生物質は素晴らしいが、菌に抵抗ができ、いたちごっこだ。免疫系を強くすることが大事だ。長い人間の歴史において病気、けがに対して種の生存そのものの中に治癒システムが組み込まれている。著者は、健康を維持し、病気を治そうとする自然の力に自信を持ってもらいたいと言う（118頁）。治癒系の不断の活動で、けが、病気、外部のさまざまな変化に晒されても、こうして生きているだけで驚きだ。ＤＮＡの絶え間ない損傷、毎秒何百万の細胞分裂、体表の穴からの無数の毒性分子、加齢、病原体の海、神経の緊張、などがあるのに深刻な事故もなく生きているのは奇跡だ。治癒系の活動が健康を維持しているのだ（私にしても体がくたくたにつかれていても、一晩寝ると元気が出る体の仕組みに本当に感謝している。菊地）。

治癒が起こりやすい食生活

・悪いもの（258—263頁）

いくつか拾うと、皮つき鶏肉、肉と乳製品を減らすこと。牛の脂肪、マーガリン、リンゴ、生卵や半生卵（これらがどれほど悪いかは、私には何もわからない。鶏肉の皮は食べていない。菊地）。

・良いもの（270―293頁）

穀物は有機農法によるもの、オリーブオイルはエクストラバージン、ライト（マイルド）油は臭みがない（コレステロールが少し高いのでエクストラバージンだけを使っている。菊地）。

蛋白源を減らす。蛋白質は一日六〇グラム、他は炭水化物と野菜を中心に。魚、豆の蛋白源は良い（私は年寄りなのでこの記述のような感じで摂取している。過剰な蛋白源は良くないだろう。菊地）。

著者は農薬を含め化学薬品に厳しい。細胞や遺伝子を傷つけるのだ。多品目を食べること、よく洗うこと。無農薬、有機農法のものを食べること。果物、野菜いっぱい、抗酸化補助食品、ビタミンC（努めて野菜は摂取すべきだろう。私も努力している。菊地）。

治癒力を高める天然のくすり、朝鮮人参、ニンニク、緑茶（これはよく飲む。菊地）など。

ホットカーペット、電気毛布はやめた方が良い、有害な電磁波を出す、と著者は言う（268頁）。

活動と休息（294―299頁）

歩行は体に一番良い。治癒系をスムーズに働かせ、病気の時も自発的治癒を起こりやすくする。休息と睡眠は治癒力を強める（結局は運動と休息と睡眠が大切なのだろう。菊地）。

困難な病気に対して（384頁）

一、否定的見解を認めない。肯定的考えが治癒力を高める。
二、積極的に助けを求める。
三、治った人を探す。
四、医師との建設的な関係。
五、人生の大転換を恐れない。人間関係、食べ物、習慣、これらが体の治癒システムに働き、体が改善されていくのだ。
六、病気は貴重な贈り物とみなす。病気は不運ではなく、成長の贈り物だ。病気がいかに精神によっているかを示している。
一—六までを見ると、病気に対して積極的姿勢が、治ろうとする思いが体の内部の治癒力に働きかけるのだろうと感じる。このような心の姿勢が生きるのには大切なのだろう（菊地）。
七、自己受容の精神を養う。
これが大切だろう。ひどい病の時、あきらめではなく、状況を受け入れ、高次の意思に身を任せる。前向きな生き方が治癒力を高める。病気のひどい時は自己受容の精神を養うことが必要だと言う。なかなか難しいなと思う。最後は高次の意思に身を任せて歩むことが自己を解放することなのだ（菊地）。

この本から学んだこと

人間の体のメカニズムには免疫機能が備わっている。体外からばい菌やウイルスが侵入してもそれをやっつけてくれる。そういった免疫力を高めるためにはバランスの取れた食事、適度の運動、十分な睡眠、ストレスをためないことが大切だ。腸内環境と免疫には繋がりがあるとも言われている。それだけに体に良い食事も大切なのだろう。この本が述べていることがほとんどそういった免疫機能を整え強めることのようだ。免疫機能が高まれば、当然に自然の治癒力も高まるだろう。

人の一生は有限だが、努めて快適に生きて一生を全うすることは良いことだ。私は体が丈夫ではない方でいつもおなかの調子などを気にしているが、こういう本を読むと元気をもらう。弱いことや、病気を気にしてもしょうがないのだ。くよくよすることが治癒系を弱くするのだ。この本に従い健康に良い食べ物、治癒力を増すものをできるだけ食べよう。

小見出し「治癒の五つの知恵（64頁）」の「五、治療家の信念が患者の治癒力に影響する」を証明するような記事があった。

朝日新聞別刷り「be」（二〇二二年一二月一七日）の徳永雄一郎さんの記事だ。

鬱病専門病棟を作るのに、患者が安心できる母性を感じる曲線的な空間の建物を依頼した。それは建物の力で鬱病を良くできるのではと考えたからだ。ある患者は室内に太陽の光が揺れているのを見て自分が生きていると感じ、職場に復帰できた。

この記事を読んで、治療者の患者への思いやりが重要だと感じる。もう一つは病気を癒すのに建物の力を借りようとしたことだ。この場合は、鬱病という精神的な疾患だが、それだけでなく人間の持っている治癒力を高めるのにそういった外界の力、自然の力が有効なのだろうとこの記事から確かめた。

向き合う（ステージ4）

「向き合う（ステージ3）」の手記の続きが一週間後に載った。その手記はさきほどの「ヒーリング・システム（癒しについて）」の小見出し「困難な病気に対して（384頁）」の項目の「七、自己受容の精神を養う」の実践のようだ。以下紹介する。

ステージ4になり、抗がん剤治療はせずに、普段の生活になった。この人は緩和ケア医師として多くの患者さんの最後に同行してきたから死は恐れるものではなかったと淡々と語る。恐れがないと語れるのは緩和ケアによって、死まで続くひどい痛みを処理できるという余裕があるからだろう。

まりや食堂のボランティアの女性はがんの辛さを、無数の蟻に体がかじられているようだと痛みの深刻さを嘆いていた、と妹さんが話してくれた。その後この緩和ケア医師が奉職したホスピスに空きができ、幸い入院することができ、教会のミサにもあずかることができた。そんなことを聞く時、私ががんで不治ならば上手に痛みを取ってくださる治療を願いたいものだ、それによって安心して死に赴くことができると思っている。

私は切羽詰まった死の近さは感じていないが、歳だから一年から十年ぐらいのところが残りの寿命かと思っている。私が会いたいのはかわいがった甲斐と勇太だ。どうしているかなーと時々思う。今でも思い出せば涙がにじむ。

末期がんでは死の恐れよりも、痛みの恐れが強いのではないだろうか。今日の医学では、入院できる総合病院ではどこでも痛みをうまく取ってくれるのだろうか。痛みは問答無用の攻撃なのだ。呼吸困難、吐き気など臨終に伴うさまざまな苦痛は一方的に相手のペースで襲ってくる攻撃だ、と曽野綾子さんは痛みの激しさをユーモラスに述べる。

ステージ4のこの人は痛みの処理に確信を持ち、やがて来る死については、キリスト教の信者さんではないが、死は通過点で、なんの迷いもなく死後の世界を確信し、死後に会えるであろう先に行ってしまった人々との再会を楽しみにしている。

私はこの発言にたじろいだ。この人は見事に困難を自己受容し、身体と心の準備をしていると思う。このように準備のできる環境の人がうらやましい。もうすでに死を克服しているのだ。この医師は多くの末期がんの患者さんを見て、多くは死後の世界を考えていたと述べる。そのような人と接していて、ご自分も死後の世界を抵抗なく受け取っているようだ。

さきに私が「たじろいだ」と言ったのは、淡々としたその言葉に威圧されたからだ。普通の人は、この人の「死は通過点」とか「死後の再会を楽しみにしている」という死後の世界観を抵抗なく受け入れられるかどうか。多くは死期が迫っても生と死の間で揺れ動きながら、死ぬのはいやだと願い、少しでも世俗の社会にしがみついていたいと思うのが普通かもしれない。さきの項で病気を贈り物と思いなさいとか、自己受容について淡々と書かれているが、普通の人にとっては、がん末期の存在の位置付けは大変な作業ではないだろうかと思ってしまう。

さらにこの人のすごいのは抗がん剤治療を選択しないで、代替療法を体験していることだ。再び抗がん剤治療をすればひどい副作用で生活の質も落ちるし、長くて一年と少ししか命が持たないと医者に言われたからなのだ。具体的には書いていないのでどのような治療を受けているかはわからないが、現在はがんは縮小状態を維持している。この代替療法を試み「がん共存療法」のエビデンスを求めて努力している。このエビデンスには薬、検査、治療方法の効果、証拠、根拠などの意味があるから、代替療法の治療の効果などが科学的に証明されるような努力をしているのだろう。生きている間はがん難民と言われるがん患者の治療について自分の体を代替療法に提供して、抗がん剤治療でない治療を模索しているのだろう。

死にゆくあなたへ

ステージ4のこの人は痛みの処理に確信を持ち、やがて来る死については、なんの迷いもなく死後の世界を確信し、死後に会えるであろう人々との再会を楽しみにしている、と淡々としている。こんな人もいるのだ。この人の生活環境が死についてこんな素晴らしい達観した言葉を言わしめている。

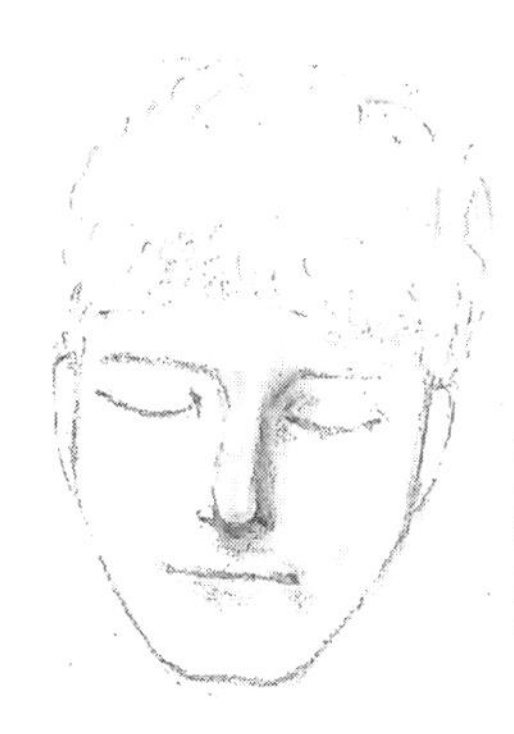

普通の人には身構えるような発言なので、死について少し学びたいと思っていた時に、末期の死にゆく苦しみ、死への恐怖など死にゆく人の死に正面から取り組んでいる本に出合った。『死にゆくあなたへ』（アナ・アランチス、飛鳥新社、二〇二二年）は緩和ケアが遅れているブラジルの緩和ケア女医の熱い戦いが綴られている。死にゆく人が誇りをもって最後に臨める努力をしている。命は重たいし、

死も重たい。生の重みの中に死があるのだろう。死にゆくことは軽くない。まもなく死ぬ時は辛いし、時にはひどい痛みもあるだろう。

以下紹介する。

死後の世界

この人は死後の世界には触れていない。この国ブラジルはカトリックの国だ。死後の世界は極めてリアルに考えているのではないか。でもこの本は他の国でもベストセラー。だから多くの人は、死を通過点などと考えるよりも重たく真剣に死を考え、ケアを考え、痛みの回避を考えているのだろう、ということが本への支持から推測される。

私は死の当事者でないので死にゆく人の深刻さはわからない。せいぜいあと十年ほどの命だと思うから、当事者のつもりで自らの死への態度を学べたら良いのではないか。また死にゆく人へのケアの在り方も参考になるだろう。

死は生への架け橋（11頁）

死は生への架け橋。多分この人はこの視点を重視していると思う。死から生を見ていくという意味だろう。

生は死への架け橋、これはわかりやすい。いのちがあってその先に死がある。生から死に近づく。生という架け橋を渡り死にゆく。ここは逆だ。死は生への架け橋とは、死という架け橋を通って生に行くことをこの言葉は示している。言い換えれば、死から、死ぬということから、臨死から、死の近さから生を見ていこう、とする。これがこの医者の視点だ。そのことを、死を見つめることによって生を問う、と訳者は解説で言っている（197頁）。

死に向かう勇気

訳者は解説で「カトリック教徒が多数を占めるブラジルでは、その死生観から『死』は苦しくて怖いものと考えられ、語ることもタブーとされる傾向があります」（196頁）と言う。そういった風土の中で印象に残るのは、この本では死を肯定的に捉えていることだ。

死にゆく人の崇高さは尊重されるべき。死から逃げるのではなく、死を受け止める寛容さを持った人こそ真の英雄だ（51頁）。死に向き合う勇気を持たない人は生ける死者だ、人間性を葬り肉体の死ばかりを待つさまようゾンビだ（83頁）などと死を正面から見つめ、懸命に死にゆく人を励まし穏やかな死へと導いているのだ。

美しい死

しかし死にゆく人を励ましても末期がんなどのひどい痛みを伴う終末は辛いものがある。患者を穏やかな死に導くには知識やスキルが必要だ、ブラジルではその環境が整っていない。そのため死には苦しみが伴っている。終末期の患者を診るすべての医者が終末期のケアに通じているわけではない（56頁）。

知識とスキル、単に上手な麻酔だけでない、ケアも重要だ。緩和ケアとは患者と家族の声に耳を傾け癒すこと。気高く愛情をこめてできることはいつもある（57頁）。人生に意味があるように、死も人生の一部としてすべてに安らぎのある状態であるように、できることはする。安らぎの中で死なせたいと考えている人だ（55頁）。

著者が勤務しているこの医者のチームでは鎮静の必要な患者は三パーセントだけ、とあるからこの病院では緩和ケアは整っているのだろう。そのような環境の下著者が世話した人は安らぎの中、美しく強烈に死んでいく（55頁）。美しい死とは安らかな死のことだろう。普通、末期で助からないとわかると、助かる方に力を注ぐのが普通だが、この人は死にゆく人を大事にしている（菊地）。

この医者たちの努力でブラジルでは二〇一八年公的制度で緩和ケアが導入され、治癒の見込みのない患者が無償で緩和ケアが利用できるようになった（198―199頁）。イギリスの経済雑誌によると、二〇一五年の調査で、死を迎える環境の最悪な国としてブラジルは八三か国中四二位だ。この本の執筆は二〇一五年頃だから当時の医療環境は良いとは言えない。同じ年、日本は一四位だ（52頁）。経済大国日本の緩和ケアシステムが一四位とはお粗末だ。二〇二三年現在でも不十分だと思う（菊地）。

死から生を見ていく

ひとたび痛みが抑えられたら、穏やかな死を迎えるために失われていた人生を見出す時間がある（52―55頁）。生きる意味を探り、今までの生きてきた歩みの振り返りだ。死にゆく時間がゆっくりなら死について考える時間も長く恐ろしい（70頁）。

私も死はそう遠い存在ではないから、死にゆく時に、死に際して、臨終に際して、緩和ケアで痛みを除去していただき、豊かな生をありがとうと言えれば豊かな死があるのだろう。生きていた時間に感謝し、死にゆく自分に感謝することができればありがたい。その意味で、一生懸命生きれば満足して死ぬことができる（56頁）。そのために死も人生の一部（55頁）だから普段から老いの準備、死の心の準備が必要だろう（菊地）。キリスト教徒は信仰によって、死から「永遠の命」に入ると考え、死を乗り越えていく（ローマの信徒への手紙6章23節）こともできる（菊地）。

この医者は痛みを緩和ケアで抑えられた死にゆく人を勇気づけ、死にゆく患者の誇りをつむぎだす努力をしている。愛されている存在だと思い死んでいくことが大切だと言う。自分が大切な存在であると思う時に死の瞬間を誇りに思うのだ（111頁）。

この本は細かいことはあまり書いてなく、目に付くのが誇り、勇気、慰め、寛容などの語彙だ。死にゆく人の誇り、死に向き合う勇気など、こういった言葉は私たちは病気ではあまり使わない。お国柄なのか、でも誇りを持って死ぬとは大切なことだと思う。この医者がたびたび誇りと言うのは、さきに述べたように死が否定的に理解されている文化の中にあるので死にゆく人を勇気づけているのだろう。私たちの日常でも、実際私たちが死にゆく時には、死は怖いのだ。死にたくないのだ、何歳になっても娑婆が恋しいのだ。何歳でも生きていたいのだ。死は人生が無くなるのだ。だから死は辛いのだ。

がんの告知で辛いのは「予後の告知」だ。それは寿命があと何年という告知だからだ。再発、転移してあと半年と言われたらガクッとくる。死を宣言されたからだ。知らないで死んだほうが良いのだ。医者による安易な患者本人への予後告知で家族が怒るそうだ。

人間には言葉という素晴らしい道具が発達しているから、医療の薬以外に言葉のスキルで死にゆく人を支え、安らかな死に導くことは可能だろう。このスキルを磨くことが医療関係者により求められる。著者は言葉のケアを重視している。

どこの国でも死にゆく人への誠実な対応が必要なのだ。この本の言葉で言えば誇り、勇気、慰め、寛容だ。これらは私たちが普段使っている言葉で表現すれば、医者が良く話を聞いて、十分手を尽くしてくれたと患者が納得し満足することであり、「あなたもよく頑張った」などの言葉かけは慰めの言葉なのだ。そのことを、医者は時に癒し、しばしば慰め、そして常に励ますと、鎌田實は言葉の重要性を語る（鎌田實『言葉で治療する』朝日新聞出版、二〇〇九年）。

臨終、大切な存在

死の瞬間も愛されていると思えるようにケアが必要なのだ。それによって慰める人も満たされるのだ（111頁）。死にゆく人に寄り添い言葉やいたわりなどによって、死にゆく人が愛され、自分が大切な存在だと気づいて、誇りを持って死ねるのだ、と著者は言う。死の瞬間まで、その人をいたわり大切にすることが重要なのだ（菊地）。

プラットホーム（120頁）

プラットホームという考え方が面白い。緩和ケアの人は特別列車で旅立つのだ、とある。この文にはいくつかの意味がある。緩和ケアが受けられる人が特別なのか、特別な人しか緩和ケアが受けられないのか。前者はうちのボランティアさんだ。うまく空きのある緩和ケアの病院に入れたからラッキーなのだ。後者は著者のお国を意味している。ブラジルではより行き届いた緩和ケア病院は少ない。だから富裕層が主にその恩恵を受けられるのだろう。

日本の緩和ケア

日本はどうだろうか。一部にさきのような傾向はあるだろう。日本の多くの総合病院は誰もががんの手術を受けられるだろうが、再発した場合緩和ケアとか、ホスピスをしているところがどれだけあるかだ。

日本の緩和ケアの現状はどうだ。土曜礼拝席上でのボランティアさんの話によれば、ある大きな病院でがんが再発し、もう治癒できないと転院を要求された。紹介された緩和ケアの病院に転院したが痛みはとれずに苦しみながら亡くなったと話してくれた。

さきに話したステージ4の人は普通の治療をやめた。保険の効く医療体制からはみ出る。再手術はしないで、がんと仲良く生きられるまで生きるために、保険の適応されない民間療法を受けながら活動している。

がん難民とならないためそれぞれが努力する必要があるのだろう。私としては末期がんになれば緩和ケアのお世話になり、痛みを除去していただいて死に臨みたいと願う。

死は通過点

土曜礼拝席上カトリックのボランティアさんは、死は通過点だといとも簡単に言い、向こうに行った人に会うのが楽しみだと語る。これがカトリックの死生観なのだろう。この死生観を持てたら死は恐れるものではないのだろう。

いのちの薬

いよいよ覚悟して薬を飲むことにした。その薬は血液をサラサラにする力がある。

私の場合不整脈から脳梗塞が発生した場合の予防のために服用していたのだった。この不整脈は私の意思に関係なく生じる。大概朝なのだが突然脈が乱れる。大体半日で収

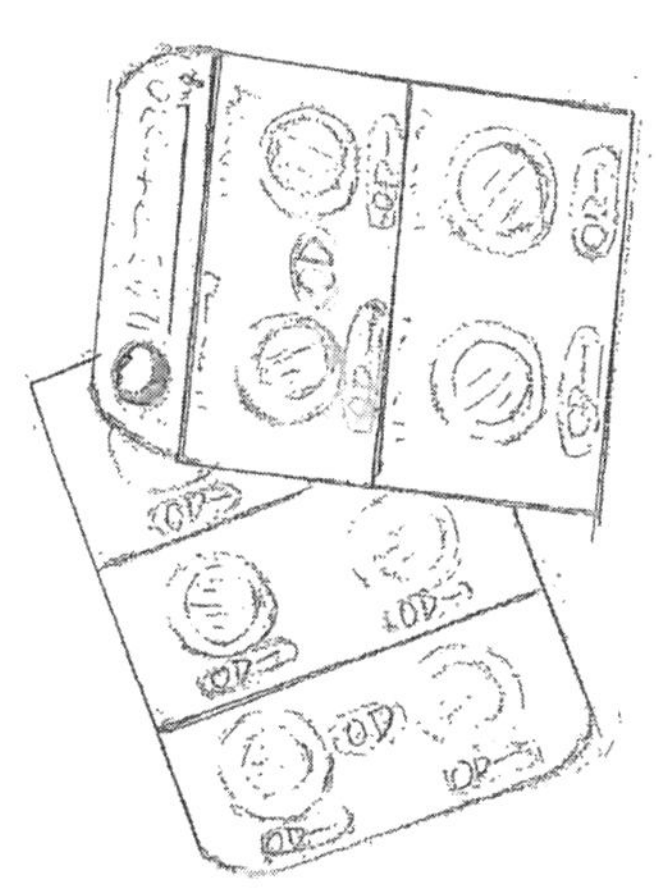

まる。かなり前から生じていたが、ほとんど気にしていなかった。たまに脈を数えられないほど激しく拍動する。かかりつけの医者は突発性心房細動だと診断し、二十四時間心電図をとるホルター機をつけたりした。つけた時はこれという症状もなかったが、梗塞を用心して血液のサラサラになるお薬を調合してくれた。それでも呑気なもので薬は飲んだり飲まなかったり、切れればずっと医院には行かなかったりしていた。

最近は前よりも時々不整脈が生じ、話をする時は息苦しくなり、ぼちぼち精密検査が必要かなと思い始めていた。そう思った動機の一つには私が倒れたらまりや食堂はやれないと専従者が断言するからだ。私は病気をしてはならないのだ。努めて健康でいなくてはならないのだ。そんな具合で不整脈とまじめに付き合おうと決めて、いつもの医者の紹介で心臓の専門病院で精密検査を受けた。二十四時間ホルターなどの検査だ。その時も不整脈などは何もなかったが、検査によれば、心房細動はあるが、重症ではなかった。しかし、いつ梗塞が生じるかは不明なので、サラサラの薬と動悸を整える薬を飲むようにということだった。不整脈の頻度が高ければカテーテル治療となるとのことだ。

ホルターレポートによれば、上室性頻拍で単発が八十一回とか、連発が十三回とかいろいろ記されている。何も詳しい説明はなかったが、一秒ほどの期外収縮が何度もあるようだ。

その病院のくれたパンフレットによると心臓の上の方に心房があり、心房から電気信号が規則的に出され心臓が動くのだ。しかし心房細動では異常な電気が発生し、心房全体が無秩序に興奮し、拍動が増加し、心臓のポンプの力が低下し、血液が心房の中でよどんでしまう。そのため、血のかたまり（血栓）ができやすく、この血栓が脳に運ばれると脳梗塞を引き起こす。それで私は血液がサラサラになる薬を飲んでいるのだ。長嶋茂雄さんがこの病気でひどい脳梗塞になり、半身に強いダメージを受けてしまった。

私もなめていたが、怖い病気だとこの病気を知るほどに感じている。油断してはならない。不整脈が出た時息苦しくなる理由もわかった。心房細動でポンプの力が弱まり、血液が体に回るのが遅くなり、体がやや酸素不足になって息苦しいという症状が出るのだろうと私なりに合点した。

驚いたことに心房細動は結構身近な存在だ。知り合いに話したら、旦那さんがそうでサラサラの薬を飲んでいる、かなり重症で以前にカテーテルを入れた、今は心室細動だという。これは怖いとパンフレットに書いてあった。なんでも心臓の筋肉がだめになりその二割しか働いていないと語る。その友達もカテーテルを入れた。なんとこの心房細動は日常的な病気なのかもしれない。しかし、ほっとけばどんどん悪くなり、心房細動が頻発するかもしれないから節制しなくてはならないかもしれない。

脳梗塞が怖い。ポックリ逝けばそれはそれで仕方ないが、助かって麻痺が残れば、生活の質がガクッと落ちてしまう。それだけに用心に越したことはない。

いただいているお薬はまさにいのちの薬なのだ。いのちのためにずっと飲まなくてはならぬのだろう。ただ、この薬はあくまで対症療法だ。この心房細動の原因について尋ねてもわからないと医者は言う。医学的根拠はないのかもしれないが、ウェブサイトによれば、加齢、心臓病、メタボリックシンドローム、飲酒、喫煙、ストレスなどが原因のようだ。加齢病とも言うらしい。年を取ってくると出てくるのだ。だからさきに述べた人たちはみな私ぐらいの歳だから同じような病状のお仲間なのだ。私はこれという病気はないがストレスは相当ある。まあ気分転換は図っているが。

結局は、体にとって悪いものが心房細動を引き起こすのだろう。肝臓などは沈黙の臓器と言われ、よほどでないと自覚症状が現れないと聞いているが、その点心臓は敏感なので心房細動などはそういった体に悪いものや体の状態にすぐに反応して症状として現れるに違いない。言い換えれば、老人の健康の指標として、あるいは今の体の状態を計るという意味で心房細動にはきちっと向き合い、対応することで生活の向上を図ることができるのだろう。だから逆に、この症状は自分の体の状態を知るバロメーターとして尊重しなくてはならないのだ。良い機会だから長らく望んでいた節酒に向かって歩んでいる。

こう見てくるとさきに紹介したヒーリング・システムが重要になってくるのだ。健康を維持するように努めること。体は自然の力で体を癒そうとしている。私はそれを信じて、癒そうとするものを妨げる事柄をできるだけ避けて向上を目指すのだ。ウェブサイトでは食事のことも触れていた。心房細動には緑葉野菜が良いのだ。ヒーリング・システムでも、体に良い野菜は緑葉野菜だ。こうして体を改善していけば原因不明のこの病気を体が勝手に癒してくれるのではないか。医者はテニスはしても良いと言ってくれた。ありがたいことだ。テニスでコートを駆け巡れば、血の循環にも良いし、ストレス発散にもなるのだろう。

一〇、俳句

今回の本は殺伐としているので、個人的な趣味も掲載してみた。毎年、冬に富士山のふもと、ふじてんスノーリゾートなどで滑る。富士山は素晴らしいのでいくつか俳句ができた。三島から見る富士山は美男だが、河口湖側の富士山の姿は荒々しい。

竹の子のゑぐき戦火の茶の間まで

シーベルト百鬼夜行や遠蛙

（放射能の値を表すのがシーベルト、福島はまだその数値が高いところもある。高速道路沿いに測定値の値が電光掲示板に表示されている）

原爆忌戦火と死者と火器増加

水入れて田の目覚めおり揚げ雲雀
山抱く雲のたわやか春田打つ
畔すでに名草の芽らのうごめきぬ
風光るスカイツリーはスケルトン
夕日受け色めきうねるいわし雲
枝枝は思ひ思ひに雪のせし
雪の粉が帽子となりし杭頭
はぐれ雲山に掛かりて春の雪
春の雪真綿のように枝に降り
春の雪化粧しなおす浅間山

凍つ雲の気高き富士を白に染め
墨染の初富士浮かぶ夕茜
両翼を広げて黙す凍つる富士
快晴に富士を刻みしお元日
峻厳の富士の裾野で初滑り
お元日夕日真っ赤に富士に落つ
梅の香や富士を浮かべて湖の澄みし
（この富士は川口湖上に映る逆さ富士のこと）
春一番富士の背後に雲の渦
薄氷割りて釣り船富士揺らす

スノーボード

峰々のなおまだ白く初桜
（ゲレンデから遠い南アルプスの頂の白さが目に付く）

空に舞い湖面に開く冬花火
（河口湖の名物冬花火、湖面に映る大きな火の輪が美しい）

日の暮れて湖に下る星水温む
（河口湖の湖面のすぐ上で星がまばたいている）

富士山を背負ひてボード初滑り
（ボードはスノーボードのこと）

あとがき

『すべての命に平和を——剣を打ち直して鋤とする2』は、歴史認識で書きたいと思い日本の近代史とイザヤ書を切り結んでみた。

日本は本当に戦争なんてできない国だったと改めて思っている。今の日本もそうなのだ。こんな小さな島国なのだ。日本は九条を生かして平和国でありたいと願う。

出版局のご厚意により、再び本を出すことができたことは感謝であります。もうさほど長くない命ですから生きている間に、私も教団に属する牧師として日本の社会に貢献する本を、国民一人びとりが平和に暮らせる国になるための、ささやかな働きができればと思い、書かせていただきました。挿絵はまりや食堂のボランティアにお願いした。読書の一助としていただきたい。

出版局の秦さんから今回も良きアドバイスと校正をいただくことで、読みやすい本が出版できると思います。ありがとうございました。

最後に、資本主義の最も差別的状況の山谷に身を置くものとして、日本の平和、反戦、護憲は主張してやまないものである。

追記

本書の編集中にパレスチナ・ガザ地区でも紛争が始まり、目を覆う惨事に胸が痛む。双方の凝り固まった憎しみをほどくにはどうしたらよいのだろうか。

イスラエルが旧約聖書のアブラハムへの言葉（創世記15章18節以下）を自らの国の根拠としているのであるから、強力な軍事力を持つ同国が、同じ聖書のみ言葉イザヤ書2章の「剣を打ち直して鋤とする」精神でまず停戦と和平を実行してもらいたいと思う。それが神の望みであり、世界の望むところだ。

菊地　譲（きくち　ゆずる）

1941年宮城県生まれ。1963年東北学院大学経済学部卒業。1973年青山学院大学大学院文学研究科聖書神学専攻修士課程修了。1979年日雇いになり、山谷伝道開始。1985年日本基督教団山谷兄弟の家伝道所設立。1987年山谷に「まりや食堂」を開設。現在、山谷兄弟の家伝道所牧師。

著書

『この器では受け切れなくて——山谷兄弟の家伝道所物語』（新教出版社、2013年）

『続 この器では受け切れなくて——山谷兄弟の家伝道所物語』（ヨベル、2018年）

『低きに立つ神』（共著、コイノニア社、2009年）

『まりや食堂の「甲斐」——山谷に生きて』（共著、燦葉出版社、2019年）

『剣を打ち直して鋤とする——すべての命に然り』（日本キリスト教団出版局、2021年）　ほか。

すべての命に平和を　剣を打ち直して鋤とする2

2023年12月1日　初版発行

著者　菊　地　譲
発行　日本キリスト教団出版局
〒169-0051　東京都新宿区西早稲田2-3-18
電話・営業03(3204)0422、編集03(3204)0424
https://bp-uccj.jp

印刷・製本　モリモト印刷

ISBN 978-4-8184-1150-0　C0016　日キ販
Printed in Japan